실용한자

실용한자

정병호·전재동 편저

보고사

목 차

〈각 단원별 내용구성〉

예문
한자와 이야기
한자성어
생활속의 한자
한자시험대비
한자쓰기

大學 生活에 대한 先輩의 忠告

맨 처음 만나는 문

大學에 갓 入學했을 때 受講 申請조차 어떻게 하는지 몰라 唐慌했고, 親舊 사귀는 것도 語塞해 늘 고개를 푹 숙이고 걷던 때도 있었다. 누구에게나 시작은 두렵고 불안하겠지만 그 시간을 認定하고 謙遜하게 받아들여 그 자리에서 자신의 꿈을 記錄하고 그에 맞는 經驗을 채워 간다면, 設令 失敗하고 挫折感을 맛본다 하더라도 한 번 해볼만 하다는 생각이 든다. 完璧함은 곧 成功, 失敗는 내 인생의 마이너스라 規定짓지 않고 꾸준하게 目標를 향해 걷는 것이 인생의 한 過程으로써 대학생활이 아닐까.

오래 전 한 先輩가 이런 말을 했다. "쓰러져 넘어졌을 때 무릎이 까졌다고 울어대는 어른은 없다." 대학은 비록 자주 넘어지더라고 툭툭 털고 일어나 다시금 성큼성큼 걸어가는, 그 어른이 라는 길목의 入口다. 먼 훗날, 나에게 혹 나와 같은 길을 걸어온 이들에게 便安한 '椅子'와 같은 존재가 되기 위해 通過해야 하는 맨 처음 만나는 문이다.

지금, 당장, 果敢하게

많은 대학생들이 國際化 시대에 걸맞는 인재가 되고 싶다고 한다. 하지만 진정한 국제화 시대에 걸맞는 인재란 영어만 잘하는 사람을 의미하는 것이 아니다. 세계 어느 곳에서도 자기 正體性을 잃지 않으면서 다른 문화 속에서도 더불어 잘 살 수 있는 사람이야말로 진정 국제화 시내에 걸맞는 인재가 아닐까? 英語學院에 다니거나 語學硏究만 할 것이 아니라 旅行을 통해 다른 문화의 사람들을 만나고 더 넓은 세계를 경험하는 것이 필요하다.

가끔 후배들과 對話를 하다보면 대학 4년이 就業 準備期間으로 전락한 것 같아 안타깝다. 해보고 싶은 일은 많지만 용기가 없어서, 시간이 없다는 핑계로 너무 늦지 않았나 하는 불안감에 망설이다 抛棄하는 경우가 많다. 하지만 대학시절처럼 실패가 쉽게 容納되는 시기는 그리 많지 않다. 원하는 일, 꿈꾸는 일, 해보고 싶은 일이 있다면 지금 과감히 시도하라.

남들이 하니까…… 그건 아니지

대학생활을 알차게 보내는 방법에 정도는 없다. 백이면 백, 모든 사람이 똑같은 성격과 꿈을 가지고 있는 것은 아니기 때문이다. 하지만 대학생활을 보람차게 보내는 것에 대한 기본 槪念은 누구나 똑같을 것이다. 대충 남들이 하니까, 남들이 이건 해야 된다고 하니까, 남들이 나중에 도움이 될 거라고 하니까 하는 것이 아니라 내가 정말 하고 싶어서, 내가 스스로를 버리더라도 投資하고 싶은 욕심이 있어서, 내 스스로가 미치도록 즐기기 때문에 무언가를 할 때 그것이 자신의 武器가 되고 훗날 무럭무럭 자랄 나의 나무의 밑거름이 될 수 있다.

많은 사람들이 대학생활이 중요하다고 助言하는 데에는 이유가 있다. 社會로 나가 자신의 남은 생을 어떻게 보낸 것인지 생각해 보고 實戰에 對備하는 마지막 關門이기 때문이다. 더 이상 練習 게임이 없다고 생각하면 조금은 緊張이 되고 하루하루, 매시간, 매초를 헛되이 보내면 안 되겠다는 생각이 들지 않는가. 남들을 보지 말고, 다른 사람들에게서 反射되어 내가 다시 보게 되는 '나'를 보라. 그러면 길이 보일 것이다.   정진아 외, 『스무살, 모든 것을 걸어라』(베스트프렌드, 2009)

✻ 대학생활(1)

* 정균승 교수 블로그(http://www.cyworld.com/wjdrbstmd/2859707)

며칠 전 대학 4학년인 한 젊은이로부터 장문의 글 하나를 받았다. 자신의 과거에서부터 대학생활의 오늘에 이르기까지 平素의 생각을 아주 眞率하게 꺼내 놓고 도움을 요청했다. 나는 그럴 때가 가장 難堪하다. 정말 도움을 필요로 하는 젊은이에게 과연 내가 실질적인 보탬을 줄 수 있을지 確信이 서지 않기 때문이다. 하지만 혹여 내가 건네는 말 한 마디가 무척 힘들어하고 있는 그에게 慰勞와 激勵가 되고 勇氣와 希望을 줄 수 있다면 무엇인가 대답을 해주는 것이 최소한의 도리가 아닐까 하는 생각이 들었다. 그래서 이 글은 답답한 심정을 털어놓은 그에게 그리고 같은 또래의 젊은이들에게 平素 내가 전해주고 싶었던 생각의 片鱗들이다. 그러나 당장 눈앞에

닥친 就職 때문에 걱정이 많던 차 就業에 도움이 되는 글이기를 期待다면 이 글을 더 이상 읽지 않기를 바란다. 그런 기대를 充足하기에 이 글은 터무니없이 부족할뿐더러 생각하기에 따라서는 閑暇하게 뜬구름 잡는 소리로 들릴지 모르겠기에 하는 말이다. 평소 마음에 담고 있는 葛藤과 煩悶을 누군가에게 꺼낸다는 것은 결코 쉬운 일이 아니다. 그것도 生面不知의 낯선 사람에게 자신의 隱密한 내면을 드러낸다는 것은 보통의 용기가 없이는 생각도 못할 일이다. 그럼에도 不拘하고 솔직한 심경을 吐露한다는 것 자체가 자신의 삶에 變化가 있기를 懇切히 念願하는 마음의 發露라고 본다.

✳ 대학생활(2)

아직 늦은 것은 아무 것도 없다. 오히려 대학 4학년인 지금 자신을 찾으려고 하는 것은 매우 鼓舞的이다. 20대 중반이 탄탄해야 30대가 튼튼하고 健康하다. 멋진 30대 이후를 위하여 지금 基礎를 다지는 일을 게을리 하지 마라. 지금 하는 공부가 하기 싫거든 진정 하고 싶은 공부가 무엇인지 찾아야 하지 않겠는가? 하고 싶어야 재미가 있고, 재미가 있어야 더 잘하지 않겠는가? 그래야 한번 죽어라고 열심히 노력도 할 수 있지 않겠는가? 가슴 설레는 미래를 만나기 위해서 오늘 무엇을 苦惱하며 살아야 할 것이지 차분하게 그리고 孤獨하게 자신과 대화하는 시간들을 가져라. 자신을 欺瞞하고 함부로 살아온 것에 대해 懺悔의 눈물을 흘려 봐라. 자신과 和解하고, 이제부터라도 자신이 원하는 삶을 살겠다고 다짐하라. 칙칙하고 어둡고 찝찝하게 살지 않고, 밝고 환하고 愉快하게 살아라. 할 수 있다. 정말 뭐든지 다 할 수 있다. 그대는 무엇이든 하기에 충분할 만큼의 시간과 熱情과 에너지를 가지고 있다. 이제부터 그대의 모든 시간과 에너지를 그 熱情의 심지에 불을 지피는 일에 투자하라. 다만 심지에 붙은 불이 활활 타오르려면 몇 가지 段階를 거쳐야 한다. 먼저 진정한 자신이 누구인지 발견하는 과정이다. 다음으로는 자신이 하고 싶고 잘 할 수 있는 强點을 중심으로 진짜 비전과 目標를 세우는 삭업이나. 마지믁으로 그 비전과 目標를 實踐할 수 있는 시간 管理를 생활화하는 것이다. 이 '三位一體 自己 經營'이 調和를 이룰 때 비로소 삶이 뜨겁게 타오를 수 있다.

한자와 이야기

사나이의 유래

『金史』后妃傳에, "海陵(금나라의 廢帝 完顔亮)시대에 여러 妃嬪宮에 있는 侍女에게 모두 남자의 衣冠을 착용시키고 假廝兒라 불렀다."라고 했는데, 우리나라 方言에는 남자를 斯那海라 부르고 있으니, 斯 자는 新 자와 通用한다. 예를 들면, 新羅를 斯盧라 칭한 것과 같다. 陽城 李氏의 조상에는 那海라는 이름을 가진 이가 있었고, 경상도에서는 여자를 假斯那海라고 부른다. 금나라가 우리나라와 接境이므로 그들의 方言이 혹 우리의 方言과 비슷할 수도 있다. 즉 가사아와 가사나해는 그 音訓이 서로 비슷하다는 것이다.

『靑莊館全書』제60권, 盎葉記 7, 假廝兒

大邱 紀行 1 – 慕明齋의 유래

慕明齋는 임진왜란(1592년) 때 朝鮮에 援兵으로 왔던 明나라 장수 杜思忠을 기리기 위해 그의 후손들이 1992년 세운 齋室이다. 두사충은 임진왜란 당시 提督 李如松의 參謀로 조선에 와서 뛰어난 전술을 발휘하였으며, 조선군과 緊密한 關係를 維持하였다. 조선에 귀화한 후 두사충은 중국에 두고 온 부인과 형제들이 생각나 最頂山(지금의 대덕산) 아래로 집을 옮기고 명나라를 생각한다는 뜻으로 자신이 사는 동네를 大明洞이라 명명했다고 한다. 慕明齋란 이름은 조국인 명나라를 사랑한다는 뜻이며, 대문인 萬東門 역시 모든 근원은 동으로 흘러간다는 '百川流水必之東'에서 따온 말이다.

大邱 紀行 2 – 戊戌銘塢作碑

이 碑는 1946년 大邱市 大安洞에서 발견된 것으로 현재 경북대학교 박물관에 소장되어 있으며, 보물 516호로 지정되었다. 石碑는 자연석 그대로로 별로 손질을 가한 흔적이 없으며, 銘文을

刻字한 앞면조차도 石面을 가공한 것같이 보이지 않는다. 銘文은 문자의 크고 작음과 간격이 일치하지 않을 뿐만 아니라 各行까지도 바르지 않고 비뚤어져 있다. 筆致는 극히 拙朴하나 일면 古雅한 風이 있으며, 書體는 北魏를 방불케 하는 점이 있어 慶州의 南山 新城碑들과 일치하는 점이 있다. 全文 9행인데 各行의 字數가 일정하지 않으며, 磨滅된 곳이 많고 또한 석비의 오른쪽 하단부가 약간 파손되어 제3행까지는 1자 정도의 破脫이 있는 것같이 보인다.

　내용을 살펴보면, 우선 제1행은 이 석비의 건립 목적을 서술한 것으로 곧 標題에 해당한다. '戊戌年四月朔十四日 冬里村 高■塢'라고 기록된 것으로 보아 이 석비는 塢[제방, 둑]를 축조한 뒤 세운 기념비라 할 수 있다. 塢作碑가 발견된 大邱는 新羅나 統一新羅시대를 막론하고 국가적으로 중요시되는 도시였으므로, 이곳에 방어 수호에 필요한 塢를 축조하였던 것은 당연한 일로 생각된다. 또 이 비는 영천의 菁堤碑, 영일의 冷水里碑, 울진의 鳳坪碑 등과 함께 신라시대의 문자 생활을 연구하는데 매우 귀중한 자료로 평가된다.

한자성어 – 友情

肝膽相照

서로 간과 쓸개를 꺼내 보인다는 뜻. 상호간에 진심을 터놓고 격의 없이 사귀거나 마음이 잘 맞는 절친한 사이를 가리키는 말이다. 韓愈, 「柳子厚墓誌銘」

예 양국 정상은 모두 발언을 통해 肝膽相照의 필요성을 강조한 것으로 풀이된다. 〈폴리뉴스, 2009.06.23〉

刎頸之交

전국 시대, 趙나라 惠文王 때의 宰相 藺相如와 대장군 廉頗와의 우정을 말한 것으로, 목을 바칠 정도로 절친한 사귐이나 그런 벗을 뜻한다. 『史記』「廉頗藺相如列傳」

예 김인식 감독과 코미디언 배일집의 우정 33년. 두 사람이 刎頸之交의 인연을 맺게 된 계기는 해병대와 한일은행을 거친 김 감독이 1973년 배문고 감독으로 부임하면서다. 〈일간스포츠, 2006.03.19〉

莫逆之友

서로 거칠 것이 없이 한 마음 한 뜻이란 뜻으로, 흉허물이 없는 절친한 사이를 가리킨다.

『莊子』「大宗師」

예 송승환과 강석우는 50살 동갑내기로 힘들 때마다 도와주는 25년 莫逆之友 사이이다. 〈오마이뉴스, 2007.02.28〉

益者三友

자신을 이롭게 하는 세 친구란 뜻으로, 곧 정직한 이, 신실한 이, 견문이 많은 이를 가리킨다.

『論語』「季氏」

예 그러나 무엇보다 미쁘고 정다운 소리는 바로 두런두런 이야기를 펼치는 사랑하는 벗들의 음성이다. 『論語』에 '益者三友'라 하였다. 〈동아일보 2000.08.02〉

인터넷 한자성어 게임

요즘 인터넷에서 가끔 보이는 놀이입니다. 다음에 주어진 네 글자의 초성(初聲)만 가지고 한자성어를 완성해 봅시다. 카드로 만들어 어린이들과 함께 놀 수도 있습니다.

ㄱ	ㅈ	ㄱ	ㄱ	(정답)
ㄱ	ㄱ	ㅇ	ㅎ	(정답)
ㄱ	ㅁ	ㄱ	ㄷ	(정답)
ㄱ	ㅍ	ㅈ	ㄱ	(정답)
ㄱ	ㅊ	ㅇ	ㅁ	(정답)

ㄱ	ㅇ	ㅈ	ㅇ	(정답)
ㄱ	ㅎ	ㅈ	ㅅ	(정답)
ㄴ	ㅇ	ㅈ	ㄱ	(정답)
ㄴ	ㄱ	ㅇ	ㅁ	(정답)
ㄴ	ㅈ	ㅈ	ㅊ	(정답)

ㅅ	ㅁ	ㅊ	ㅎ	(정답)
ㅅ	ㅁ	ㅊ	ㄱ	(정답)
ㅅ	ㄱ	ㅊ	ㅅ	(정답)
ㅂ	ㄴ	ㅎ	ㅊ	(정답)
ㄷ	ㄱ	ㅎ	ㅅ	(정답)

생활 속의 한자

膾炙

膾는 잘게 저민 날고기고 炙는 불에 구운 고기다. 膾나 炙는 맛이 있어 여러 사람들이 즐겨먹는 음식이다. 그러니까 뭇 사람들의 口味에 맞아 입에 자주 오르내린다. 여기서 의미가 파생되어 어떤 행동이나 글이 여러 사람의 입에 오르내리며 세상에 널리 알려지는 경우, 이를 회자라고 한다. '人口에 膾炙된다'는 표현이 이런 용례에 속한다.

猥褻

猥褻은 원래 더러운 속옷을 뜻한다. 여기서 의미가 파생되어 흔히 남녀 간의 추잡하고 난잡한 色情을 외설이라고 한다. 『中文大辭典』에는 이렇게 풀이되어 있다.

猥褻, 謂關於人類生殖情慾, 而違背善良風俗者
(외설은 인류의 생식과 정욕에 관련된 것으로서 선량한 풍속에 위배되는 것을 말한다.)

윤리나 도덕을 앞세워 性的 慾求를 무조건 억누르는 것도 문제지만 욕구대로 發散하는 것 역시 커다란 사회문제를 불러일으킨다. 성적 욕구가 아무런 節制없이 발산되는 사회에서는 미래에 대한 희망을 기대할 수 없다.

猖披

猖披란 허리띠를 매지 않고 미친 듯이 옷을 입는 것을 말한다. 『禮記』에 보면 남자는 가죽띠를 매고 여자는 실로 된 띠를 맨다고 했다. 이처럼 남녀에 따라 재료를 달리했을 만큼 예전에 허리띠는 의복을 갖춰 입을 때 반드시 착용해야 하는 필수품이었다. 그런데 옷을 입고 허리띠를 매지 않은 경우 이를 '猖披'라고 한다. 말하자면 미친 듯이 옷을 입는다는 뜻이다. 이럴 경우 체면이 깎여 부끄럽게 되기 십상이다. 여기서 '창피스럽다', '창피당하다'는 말이 파생된 것이다.

紅一點

紅一點이라는 말은 송나라 시인 王安石의 〈石榴詩〉에 처음으로 보인다. 해당 詩句를 들면 이렇다.

萬綠叢中紅一點 수많은 녹색 떨기 가운데 하나의 붉은 꽃
動人春色不須多 사람들에게 봄의 정취를 일으키는데 붉은 꽃 많을 필요는 없다네.

시인은 무수한 녹색 이파리 사이에 붉게 피어있는 한 송이 석류꽃을 발견하고서 여기서 봄의 정취를 물씬 느낀 것이다. 이처럼 원래 紅一點은 푸른 잎 가운데 피어있는 한 송이 붉은 석류꽃을 가리키는 말이다. 그렇긴 하지만 반드시 석류꽃이 아니더라고 여럿 가운데 색다른 것을 일컬을 때도 홍일점이라는 말을 쓴다. 요즘에는 여러 남자 가운데 있는 한 여자를 일컫는 말로 곧잘 쓰인다. 한편, 홍일점은 더러 기생을 가리키는 말로도 쓰였다. 이런 점에서 본다면 여성을 남성의 소유물로 卑下해서 쓴 말이라는 느낌이 들기도 한다. 그러나 여럿 가운데 색다른 것이라는 원래의 뜻을 곰곰이 吟味해보면 반드시 그런 것만도 아니다. 여러 여자들 가운데 있는 한 남자도 역시 홍일점이 될 수 있기 때문이다. 여자만 꽃인가.

1. 다음 漢字의 音과 訓을 쓰시오.

　□悟　　　□悠　　　□染　　　□耐　　　□幾　　　□渴　　　□潭

　□冠　　　□幸　　　□盡　　　□蔦　　　□鱗　　　□蕩　　　□確

　□堪　　　□濟　　　□裕　　　□補　　　□餓　　　□濕　　　□領

2. 다음 漢字의 部首를 쓰시오.

　□表 :　　　□協 :　　　□受 :　　　□兵 :　　　□全 :　　　□奉 :

3. 다음 漢字의 讀音을 쓰시오.

　□激勵(　　)　□片鱗(　　)　□就職(　　)　□閑暇(　　)　□葛藤(　　)

　□煩悶(　　)　□隱密(　　)　□吐露(　　)　□懇切(　　)　□念願(　　)

　□鼓舞(　　)　□基礎(　　)　□苦惱(　　)　□孤獨(　　)　□欺瞞(　　)

　□懺悔(　　)　□愉快(　　)　□熱情(　　)　□段階(　　)　□管理(　　)

　□勤儉(　　)　□依賴(　　)　□懷疑(　　)　□帳簿(　　)　□剩餘(　　)

　□弄談(　　)　□敦篤(　　)　□應援(　　)　□傾斜(　　)　□貯蓄(　　)

4. 다음의 音과 訓에 해당하는 漢字를 쓰시오.

　①경사 경　　②북녘 북　　③비단 라　　④사치할 치　　⑤얼굴 안

　⑥버섯 균　　⑦돌아볼 고　　⑧가벼울 경　　⑨사라질 소　　⑩고를 조

❏ 다음 글을 읽고 물음에 답하시오.

> 　분명한 것은 젊음은 삶을 완성하는 단계(❶)가 아니라는 사실이다. 특히 20대의 젊음은 세상에 태어나 육체적인 성장기를 거친 한 생명체가 비로소 자신의 정신적 삶을 시작하는 제2의 태동기다. 그러므로 20대의 젊음은 늘 끊임없는 방황(❷)과 시행착오에 ①**呻吟**하지 않을 수 없다. 이것을 ②<u>回避</u>하려고 하거나 다른 어디론가 아예 숨어 버리려고 하면 오히려 더 큰 고통(❸)에 시달린다. 당장은 괜찮을지 모르지만 더 ③<u>苛酷</u>한 시련의 그림자가 30대 이후의 삶을 짓누를 것이다. 때론 다른 사람들 앞에서는 애써 태연(❹)한 척 해보기도 하지만 그렇다고 해서 내면에 ④<u>沈潛</u>해 있는 근심과 걱정의 ⑤<u>腫瘡</u>이 완전히 사라지는 것이 아니다. 평소(❺)에는 괜찮다가도 어느 순간 외부의 ⑥<u>刺戟</u>이나 ⑦<u>衝擊</u>이 가해지면 마음이 몹시 심란해지면서 잠복하고 있던 암 덩어리가 불쑥 고개를 내밀고 마음을 쑤셔댄다.

5. ①~⑦에 해당하는 漢字의 讀音을 쓰시오.

6. ❶~❺의 單語를 漢字로 쓰시오.

7. 본문에 등장하는 單語 중 漢字 表記가 잘못된 것을 고르시오.

　①분명(分明)　　　②육체(肉體)　　　③당장(當場)　　　④시련(時鍊)　　　⑤심란(心亂)

❏ 다음 괄호 안에 적절한 漢字를 넣어 成語를 완성하시오.

　8.狐假虎(　　)　　　　　　　9.錦上(　　)花　　　　　　　10.狗尾(　　)貂

　11.(　　)掌難鳴　　　　　　12.大器(　　)成　　　　　　13.臥薪(　　)膽

□ 주어진 漢字와 反對(또는 對立)되는 글자를 넣어 단어를 완성하시오.

14.取(   )　　　15.往(   )　　　16.貧(   )　　　17.長(   )

18.高(   )　　　19.脫(   )　　　20.得(   )　　　21.開(   )

漢字 쓰기

학과(부)	학번	이름	담당교수

以 後
어조사 이 뒤 후

努 力
힘쓸 노 힘 력

基 礎
터 기 주춧돌 초

孤 獨
외로울 고 홀로 독

鼓 舞
북 고 춤출 무

激 勵
물흐를 격 힘쓸 려

難 堪
어려울 난 견딜 감

懇 切
정성 간 절실할 절

葛 藤
칡 갈 등나무 등

苦 惱
괴로울 고 괴로울 뇌

漢字 쓰기

학과(부)	학번	이름	담당교수

欺瞞
속일 기 속일 만

確信
굳을 확 믿을 신

慰勞
위로할 위 수고로울 로

片鱗
조각 편 비늘 린

煩悶
번거로울 번 고민할 민

就職
나아갈 취 직분 직

隱密
숨을 은 빽빽할 밀

管理
대롱 관 이치 리

段階
구분 단 계단 계

愉快
기쁠 유 쾌할 쾌

임금을 批判하는 臣下

　임금은 諫하는 신하 없음을 근심할 것이 아니라, 諫하는 말을 받아들이지 못함을 근심해야 한다. 諫하는 것은 말로써 하는 것이고 받아들이는 것은 행동으로써 하는 것이니, 행동으로 옮기기는 어렵고 말로 하기는 쉬운 것이다. 임금이 그 어려운 것을 해낸다면 아래에 있는 신하는 비록 賞을 주지 않더라도 그 쉬운 것을 행하게 될 것인데, 하물며 引導하여 말하도록 함에 있어서랴?

　그러나 諫하는 것은 헐뜯는데 가까우며 헐뜯으면 怒하지 않는 자가 없는 것이니, 비록 怒하더라도 서슴없이 諫하여야 할 것이다. 하물며 남의 過失을 責하는데 어찌 求言을 기다리겠는가? 諫하여 받아들이면 신하에게 세 가지 소득이 있으니, 忠臣의 名譽가 있고 諫한 데 대한 褒賞이 있으며 벼슬을 保全하는 이익이 있어, 온 천하 사람들이 稱頌하고 그 蔭德이 자손에게까지 미치게 된다.

　다만 감히 諫하지 못하는 것은 말을 받아들이지 않고 도리어 노여움을 살까 두려워하기 때문이니, 임금이 諫하는 신하 없음을 근심하는 것은 밭이 있으나 穀食을 심지 않는 것과 같은 것이다. 그러나 諫하는 것도 어질고 어리석음에 따라 善惡의 구분이 있으니, 또한 살피지 않을 수 없다. 이미 널리 받아들이는 길을 열어놓으면 遠近을 莫論하고 모두 팔뚝을 휘두르며 들어와 胸襟을 털어놓고 말을 올릴 것이니, 어찌 어진 인재가 나오지 않음을 근심하겠는가? 임금 된 자가 어진 인재 없음을 근심하는 것은 곡식이 있어도 거둬들이지 않는 것과 같은 것이다.

　孔子의 말에 "天子에게 諍臣 7인이 있으면 비록 無道하더라도 그 천하를 잃지 않는다."고 했는데, 간하는 신하가 있어 그 말을 採用한다면 어찌 無道하다고 이르겠는가? 이는 齊景公 衛靈公의 類와 같이 "기뻐하면서도 실행하지 않고 따르면서도 고치지 않는다."는 자가 아니겠는가? 참으로 기뻐하여 실행한다면 沈黙을 변하여 諫諍하는 자가 어찌 7인에 그칠 것이며, 만약 노하여 죄를 준다면 7인인들 어찌 얻을 수가 있겠는가? 그러므로 "무도한데도 오히려 망하지 않는다."고 하였는데 하물며 인도하여 말하게 하고 상을 주어 여러 사람들에게 示範함에랴? 聖君의 興旺함도 이 같은 데 지나지 않는 것이다.

李瀷, 『星湖僿說』, 「人事門」, 〈諍臣七人〉

✳ 두려워 할 것은 백성뿐

천하에 두려워해야 할 바는 오직 百姓 뿐이다. 洪水나 火災, 호랑이, 표범보다도 훨씬 더 백성을 두려워해야 하는데, 윗자리에 있는 사람이 항상 업신여기며 모질게 부려먹음은 도대체 어떤 이유인가? 대저 이루어진 것만을 함께 즐거워하느라, 항상 눈앞의 일들에 얽매이고, 그냥 따라서 법이나 지키면서 윗사람에게 부림을 당하는 사람들이란 恒民이다. 恒民이란 두렵지 않다. 모질게 빼앗겨서, 살이 벗겨지고 뼈골이 부서지며, 집안의 수입과 땅의 소출을 다 바쳐서, 한없는 要求에 提供하느라 시름하고 歎息하면서 그들의 윗사람을 탓하는 사람들이란 怨民이다. 怨民도 결코 두렵지 않다. 자취를 푸줏간 속에 숨기고 몰래 딴 마음을 품고서, 天地間을 흘겨보다가 혹시 시대적인 變故라도 있다면 자기의 所願을 실현하고 싶어 하는 사람들이란 豪民이다. 대저 豪民이란 몹시 두려워해야 할 사람이다.

豪民은 나라의 허술한 틈을 엿보고 일의 形勢가 便乘할 만한가를 노리다가, 팔을 휘두르며 밭두렁 위에서 한 차례 소리 지르면, 저들 怨民이란 자들이 소리만 듣고도 모여들어 謀議하지 않고도 함께 외쳐대기 마련이다. 저들 恒民이란 자들도 역시 살아갈 길을 찾느라 호미·고무래·창자루를 들고 따라와서 무도한 놈들을 쳐 죽이지 않을 수 없는 것이다. 秦 나라의 滅亡은 陳勝·吳廣 때문이었고, 漢 나라가 어지러워진 것도 역시 黃巾賊이 원인이었다. 唐 나라가 衰頹하자 王仙芝와 黃巢가 틈을 타고 일어섰는데, 마침내 그것 때문에 인민과 나라가 滅亡하고야 말았다. 이런 것은 모두 백성을 괴롭혀서 자기 배만 채우던 죄과이며, 豪民들이 그러한 틈을 편승할 수 있어서였다. 대저 하늘이 司牧(임금을 가리킴)을 세운 것은 養民하기 위함이고, 한 사람이 위에서 放恣하게 눈을 부릅뜨고, 메워도 차지 않는 구렁 같은 욕심을 채우게 하려던 것이 아니었다. 그러므로 저들 秦·漢 이래의 禍亂은 당연한 결과이지 불행한 일이 아니었다.

지금의 우리나라는 그렇지 않다. 땅이 좁고 險峻하여 인민도 적고, 백성은 또 나약하고 좀착하여 奇節이나 俠氣가 없다. 그런 까닭에 평상시에도 큰 인물이나 뛰어나게 재능 있는 사람이 나와서 세상에 쓰여지는 수도 없었지만, 난리를 당해도 豪民·悍卒들이 倡亂하여, 앞장서서 나라의 걱정거리가 되게 하던 자들도 역시 없었으니 그런 것은 다행이었다. 비록 그렇다 하더라도, 지금의 시대는 高麗 때와는 같지 않다. 高麗 시대는 백성에게 賦稅하는 것이 限定되어 있었고, 山林과 川澤에서 나오는 이익도 백성들과 함께 나누어 가졌다. 商業은 자유롭게 통행되었고,

工人에게도 혜택이 돌아가게 하였다. 또 수입을 헤아려 지출할 수 있도록 하였으니 나라에는 餘分을 貯蓄해 둔 것이 있었다. 그래서 갑작스런 큰 兵禍와 喪事가 있더라도 그 賦稅를 증가하지 않았었다. 고려는 말기에 와서까지도 三空을 오히려 걱정해 주었다.

우리나라는 그렇지 않아, 변변치 못한 백성들에게서 거두어들이는 것으로써 귀신을 섬기고 윗사람을 받드는 범절만은 중국과 同等하게 하고 있다. 백성들이 내는 세금이 5푼이라면 公家로 돌아오는 이익은 겨우 1푼이고 그 나머지는 奸邪스런 私人에게 어지럽게 흩어져버린다. 또 고을의 官廳에는 남은 貯蓄이 없어 일만 있으면 1년에 더러는 두 번 부과하고, 守令들은 그것을 憑藉하여 마구 거두어들임은 또한 極度에 달하지 않음이 없었다.

그런 까닭으로 백성들의 시름과 원망은 고려 말엽보다 훨씬 심하다. 그러나 위에 있는 사람은 태평스러운 듯 두려워할 줄을 모르니 우리나라에는 豪民이 없기 때문이다. 불행스럽게 甄萱·弓裔 같은 사람이 나와서 몽둥이를 휘두른다면, 시름하고 원망하던 백성들이 가서 따르지 않으리라고 어떻게 보장하며, 蘄州·梁州·6合의 變亂은 발을 제겨 딛고서 기다릴 수 있으리라. 백성 다스리는 일을 하는 사람이 두려워할 만한 형세를 명확히 알아서 前轍을 고친다면 그런 대로 유지할 수 있으리라.

許筠, 『惺所覆瓿藁』, 「文部」, 〈豪民論〉

✳ 나의 소원 – 김구

나의 정치 理念은 한마디로 표시하면 自由다. 우리가 세우는 나라는 자유의 나라라야 한다. 자유란 무엇인가? 절대로 각 개인이 제멋대로 사는 것을 자유라 하면 이것은 나라가 생기기 전이나, 저 레닌의 말 모양으로 나라가 消滅된 뒤에나 있는 일이다. 국가생활을 하는 人類에게는 이러한 無條件의 자유는 없다.

왜 그런고 하면, 국가란 일종의 規範의 束縛이기 때문이다. 국가생활을 하는 우리는 束縛하는 것은 법이다. 개인의 생활이 국법에 束縛되는 것은 자유 있는 나라나 자유 없는 나라나 마찬가지다. 자유와 자유 아님이 가리는 것은 개인의 자유를 束縛하는 법이 어디서 오느냐 하는 데 딸렸다. 자유 있는 나라의 법은 국민의 자유로운 의사에서 오고, 자유 없는 나라의 법은 국민 중의 어떤 일 개인, 또는 일 階級에서 온다. 일개인에서 오는 것을 專制 또는 獨裁라 하고, 일 階級에서 오는 것을 階級 獨裁라 하고 통칭 파쇼라 한다.

　나는 우리나라가 獨裁의 나라가 되기를 원치 아니한다. 獨裁의 나라에서는 정권에 參與하는 계급 하나를 除外하고는 다른 국민은 奴隷가 되고 마는 것이다. 獨裁 중에서 가장 무서운 獨裁는 어떤 主義, 즉 哲學을 기초로 하는 階級 獨裁다. 군주나 기타 개인 獨裁者의 獨裁는 그 개인만 除去되면 그만이거니와, 다수의 개인으로 組織된 한 階級이 獨裁의 주체일 때에는 이것을 제거하기는 심히 어려운 것이나, 이러한 독재는 그보다도 큰 조직의 힘이거나 국제적 壓力이 아니고는 깨뜨리기 어려운 것이다.

한자와 이야기

科擧에 동원된 稀罕한 不正들

科擧는 양반사회 내부의 게임이었다. 그런데 이 게임마저도 公正하게 이루어지지 못했다. 科擧도 하나의 試驗이니, 試驗의 陰影인 '부정'이 당연히 존재했다. 科擧에 관한 著書나 文獻을 뒤지면 그야말로 인간이 상상할 수 있는 모든 부정한 방법이 동원된 사실에 놀라게 된다. 豫想答案紙를 미리 만들어 가는 것, 시험지를 바꾸는 것, 採點者와 짜고 후한 點數를 주는 것, 합격자의 이름을 바꿔치는 것 등 이루 다 꼽을 수가 없다.

첨단기술(?)도 동원된다. 예를 하나만 들어보겠다. 肅宗 때의 일이다. 成均館 앞 泮村의 한 아낙이 나물을 캐다가 땅에 묻힌 노끈을 발견하고 잡아당겼는데, 끈이 대나무 통과 이어져 있었다. 그 대나무 통은 科擧 試驗場이었던 成均館 泮水堂으로 연결되어 있었다. 대나무 통을 길게 매설하고 통속에 노끈을 넣은 후, 과거장에서 시험문제를 노끈에 매달아 信號를 보내면 밖에 있는 자가 줄을 당겨 시험문제를 확보하여 답안지를 작성해 노끈에 묶어 보낸 것이다. 尖端技術이 아닌가? 調査를 했으나 犯人은 잡을 수 없었다.　　　　　『숙종실록』 31년 2월 18일

이처럼 과거에는 온갖 부정이 다 동원되었다. 응시자 혼자 책을 베끼거나, 출제자·채점자와 共謀하거나, 書吏를 매수하거나, 첨단기술을 사용하거나, 특정 政派가 자파 勢力에게 의도적으로 후한 점수를 주거나, 親姻戚을 뽑거나 하는 일들로 인해 시비가 일어났으며, 부정의 흔적이 없는 시대는 없었다. 하지만 여기서 말하려는 것은 그 희한한 부정이 아니라 犯罪로 認識되지 않은 일상화된 부정, 곧 이미 官隷가 되고 풍속이 된 부정이다. 예긴대 과거장에 책을 가지고 들어가는 것은 원래 禁止 事項이었다. 그런데 책을 가지고 과거장을 들어가는 것이 일상화되었다면 어떻게 할 터인가? 부정이 범죄의식 없이 일상화되면 그 제도는 물론이고, 그 제도 위에서 있는 體制의 정당성마저 흔들리게 된다.　　　　　강명관, 『조선의 뒷골목 풍경』(푸른역사, 2003)

國語나 外國語를 공부할 때 제일 많이 쓰이는 工具書가 바로 辭典이다. 그런데 한자 학습에 있어서는 辭典보다 字典, 혹은 玉篇이란 용어를 더 많이 쓴다. 字典이라고 하는 이유는 한자라는 言語가 가지는 特殊性, 즉 表意文字的 특성 때문에 언어 자체가 낱글자 하나라도 그 뜻을 충분히 전달할 수 있기 때문에 그런 명칭이 생겼다.

玉篇은 중국 梁나라 때의 학자 顧野王이 만든 字典이다. 우리는 흔히 이 책을 일반명사로 잘못 알고 있는데 固有名詞이다. 아마도 우리나라에서 제일 많이 쓰였던 字典이 玉篇이기에 이런 현상이 발생했을 것이다. 그런데 요즘 한자를 공부하는 학생들이 이 玉篇 활용을 너무 게을리 한다는 데 문제가 있다.

玉篇은 한자를 部數別, 劃數別, 音價別로 分類해 놓아 索引에 편리할 뿐만 아니라, 각 글자마다 다양한 용례를 소개하고 있어 한자 학습에 있어 매우 귀중한 책이다. 그런데 역설적이게도, 이 편리한 분류가 요즈음의 학습자들에겐 오히려 煩雜하다는 인상을 주어 꺼리는 애물단지로 전락하게 될 위기에 처했다.

그것도 이해가 가는 게, 옥편 첫 페이지를 넘기자마자 바로 部首라는 複雜한 분류 체계를 만난다. 玉篇과 같은 類의 字典 중 그 역사가 가장 오래된 책은 許愼이 편찬한 『說文解字』인데, 이 책에는 部數를 무려 500(정확하게 542)개가 넘게 수록해 놓았다. 이후 차츰 그 수가 줄어들어 중국 淸나라 康熙 皇帝 때 편찬된 『康熙字典』에는 1획 丶(불똥 주)부터 17획 龠(피리 약)까지 총 214개로 정리되었다.

그런데 科學技術의 발전과 더불어 사전과 자전이 디지털화되고 電子辭典이 생겨난 뒤에는 수업 시간이나 한자 공부를 하는 학생들에게서 옥편을 곁에 둔 이를 찾아보기 어렵게 되었다. 音價를 모르는 생소한 글자 하나를 익히려면, 부수를 이리 저리 찾아보다가, 그래도 정 안되면 획수까지 일일이 確認했던 지난날을 생각해보면, 옥편 찾는 것은 참 번거로운 일임엔 틀림이 없다.

그러나 한자를 공부하려는 이들에게 이것 하나만은 꼭 충고해 두고 싶다. 전자사전을 통한 한자 공부는 결코 실력 향상을 보장할 수 없으며, 그 限界 또한 너무 분명하다는 사실을. 서두에서도 말했지만, 한자는 표의문자이다. 즉, 글자 자체가 그림이라고 생각해도 큰 무리는 아니다. 그림의 생김새를 제대로 알기 위해서는 비슷한 모양을 반복적으로 익히고, 전체 구도를 짐작해야 한다. 이것이 부수를 익히는 것과 유사한 개념이다.

또 그림도 마찬가지지만 손수 쓰는 것이 매우 중요하다. 한자는 백 번을 써 봐도 잊어버리거나 헷갈리는 경우가 종종 있다. 인문학이 모두 그렇듯이, 한자 학습 또한 단 시일, 혹은 한꺼번에 많은 것을 이루기는 매우 어렵다. 목표를 분명히 정해 한 걸음씩 천천히 갈 때, 자신이 얼마만큼 걸어왔는지를 실감하게 될 것이다.

한자성어

吐哺握髮

周나라의 재상 周公은 賢者가 찾아오면 먹던 밥도 내뱉고, 머리를 감다가도 머리채를 붙들고 뛰어나가 맞이했다는 고사에서 유래. 어진 이를 잘 대우하는 훌륭한 정치가의 모습을 뜻하는 말이다. 『韓詩外傳』

> **예** 널리 인재를 구하고 어진 선비를 잘 대접한다.'는 뜻의 사자성어를 묻는 주관식 문제에서 '吐哺握髮'이라는 까다로운 한자까지 정확하게 써 냈다. 〈소년한국일보, 2007.04.24〉

伴食宰相

唐나라 玄宗 때의 재상 盧懷愼을 빗댄 말로 유능한 사람 뒤에서 無爲徒食하는 재상이란 뜻.

『舊唐書』「盧懷愼傳」

> **예** 오죽하면 기초의원이 벼슬이 되 버린 지 오래고, 의장과 부의장 자리는 화려한 감투로 변했다는 우려도 모자라 伴食宰相과 錦衣夜行의 참담한 四字成語마저 나돌까? 〈경기신문, 2008.07.01〉

盤根錯節

구부러진 많은 뿌리와 뒤얽힌 마디를 뜻하는 말로, 복잡하게 얽혀 해결이 매우 어려운 일을 가리킨다. 『後漢書』「虞詡傳」

> **예** 이날 윤위원장은 지난 3년간의 임기를 "盤根錯節을 풀어가는 하나의 과정이었다."는 말로 대신했다. 〈세계일보, 2007.07.06〉

諱疾忌醫

병을 숨기고 의원에게 보이기를 꺼린다는 뜻으로, 자기에게 잘못이 있어 충고해 주어도 기뻐하지 않음을 비유하는 말이다. = 諱疾忌醫. 周敦頤, 『通書』

> **예** 2008년 미국 증시는 '護疾忌醫'라는 사자성어로 표현된다. 미국발 금융위기를 가벼이 여긴 대가는 너무도 컸다. 〈뉴스토마토 2009.01.08〉

風聲鶴唳

바람 소리와 鶴의 울음소리라는 뜻으로, 한 번 겁을 먹으면 하찮은 소리에도 놀람을 비유한 말이다. 『晉書』「謝玄傳」

> **예** 이런 상황에서 나온 대통령의 지시는 정통부 관계자들에게 '風聲鶴唳'로 받아들여지기 십상이다. 〈매일경제 2003.03.30〉

생활 속의 한자

破鏡

　破鏡은 글자 그대로 거울을 깨뜨린다는 뜻이다. 이 이야기의 근원은 중국 晉나라가 隋나라에 망할 때로 거슬러 올라간다. 진나라의 관리였던 徐德言은 아내와 이별할 때 거울 한 쪽을 주며, 내년 정월 보름에 장안 길거리에 내다 팔면 자신이 만나러 갈 것을 기약했다. 이듬해 정월 보름날 서덕언은 장안에서 어떤 老婆가 깨진 거울을 팔고 있는 것을 보았다. 즉시 자신이 품고 있던 거울 반쪽을 꺼내 맞춰보니 딱 들어맞았다. 그 당시 아내는 수나라의 奴隷가 되어 城 밖으로 나올 수 없었는데, 노파가 전해 준 반쪽 거울을 보고 하염없이 눈물만 흘리고 있었다. 마침 수나라의 귀족 여인이 이 말을 전해 듣고 두 사람은 오랜 이별 끝에 다시 만나게 되었다. 이처럼 破鏡은 헤어질 때 다시 만남을 期約하는 證票였지만, 요즘은 '이별'이란 뜻만 부각되는 傾向이 있다.

흐지부지

　어떤 일이 확실하게 끝맺지 못하고 흐리멍덩하게 넘어가는 모양을 '흐지부지'라 한다. 흡사 순 우리말 같지만, 이 또한 한자어 '諱之秘之'가 변한 말이다. 예전에는 '諱'라는 것이 있었다. 글자 그대로 풀이하자면 '꺼린다.'는 뜻인데, 국왕이나 부모님의 이름, 조상의 이름 등 함부로 입에 담지 못하는 글자들을 '휘한다.'고 했다. 秘는 그야말로 비밀로 감추어 숨기거나 드러내지 않음을 뜻한다. 그래서 휘지비지는 되도록 입에 오르내리지 않도록 꺼리거나 감추는 의미가 있었는데, 그 발음이 까다로워 나중엔 '흐지부지'로 바뀌었다. 諱는 조상을 존모하며, 윗사람을 공경한다는 의미에서 '諱'하는 경우가 많았는데, 이제는 이런 아름다운 전통마저 흐지부지되고 말았다.

狡猾

　狡猾 모두 『山海經』에 등장하는 상상의 동물들이다. 이 狡猾이란 놈은 어찌나 姦邪한 지 여우를 凌駕할 정도이다. 狡는 모양은 개인데 온몸에 표범 무늬가 있으며, 머리에는 쇠뿔을 달고 있다. 이놈이 나타나면 그 해에는 大豊이 든다고 하지만, 워낙 간사하여 나올 듯 말 듯 애만 태우다가 끝내 나타나지 않는다고 한다. 이 狡의 친구로 猾이란 놈이 있는데, 이 놈은 狡보다 더 姦惡하다. 생김새는 사람 같은데 온몸에 돼지털이 나 있으며, 동굴 속에서 살면서 겨울잠을 잔다. 도끼로 나무를 찍는 듯한 소리를 내는데, 이놈이 나타나면 온 천하가 大亂에 빠진다고 한다.

　이처럼 狡와 猾은 姦惡하기로 유명한 동물인데, 길을 가다가 호랑이라도 만나면 몸을 똘똘 뭉쳐 조금만 공처럼 變身하여 제 발로 호랑이 입속으로 뛰어들어 內臟을 마구 파먹는다. 호랑이가 그 아픔을 참지 못해 뒹굴다가 죽으면 그제야 유유히 걸어 나와 미소를 짓는다. 여기서 바로 '狡猾한 微笑'라는 관용구가 생겨났다.

이제운 · 박숙희, 『뜻도 모르고 자주 쓰는 우리말 1000가지』(위즈덤하우스, 2008)

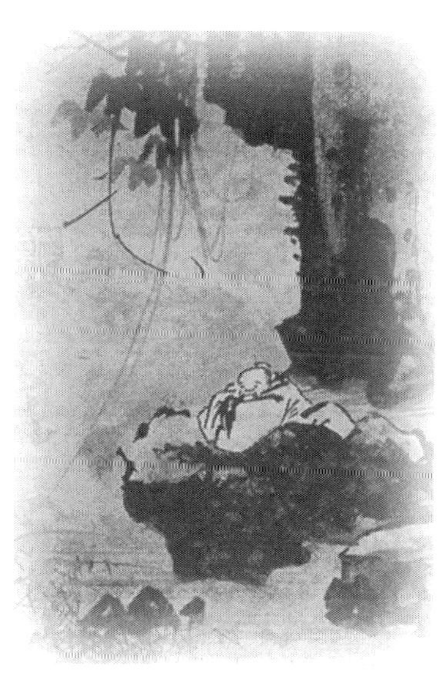

漢字 試驗 對備

1. 다음 漢字의 음과 訓을 쓰시오.

　▫姓　　□災　　□恒　　□怨　　□願　　□豪　　□巢

　▫滅　　□牧　　□恣　　□險　　□邪　　□裔　　□念

　▫底　　□配　　□析　　□尋　　□翼　　□辨　　□顧

　▫塗　　□侮　　□鈍　　□傲　　□暗　　□逝　　□頗

2. 다음 漢字의 部數를 쓰시오.

　□棄 :　　　□裳 :　　　□勝 :　　　□夜 :　　　□爵 :　　　□哉 :　　　□折 :

3. 다음 漢字의 讀音을 쓰시오.

　□消滅(　　　)　□規範(　　　)　□束縛(　　　)　□階級(　　　)　□獨裁(　　　)

　□官廳(　　　)　□憑藉(　　　)　□甄萱(　　　)　□變亂(　　　)　□前轍(　　　)

　□恐慌(　　　)　□秩序(　　　)　□維持(　　　)　□覇權(　　　)　□確保(　　　)

　□勤愼(　　　)　□忘却(　　　)　□怪狀(　　　)　□對峙(　　　)　□領袖(　　　)

　□輿論(　　　)　□腐敗(　　　)　□選擧(　　　)　□均衡(　　　)　□停職(　　　)

　□減俸(　　　)　□旋風(　　　)　□隔差(　　　)　□頒布(　　　)　□逃避(　　　)

❑ 다음 글을 읽고 물음에 답하시오.

讀書란 참으로 즐거운 마음으로 할 것이다. 이것이 나의 持說(①)이다. 세상에는 실제적인 목적을 가진, 實利 實得을 위한 독서를 주장할 이가 많겠지마는 아무리 그것을 위한 독서라도, 기쁨 없이는 애초에 實效를 거둘 수 없다. 독서의 效果를 가지는 방법은 요컨대 그 즐거움을 양성함이다. 선천적으로 그 즐거움에 민감한 이야 그야말로 多生의 宿因으로 多福한 사람이겠지만, 어렸을 적부터 독서에 재미를 붙여 그 습관을 잘 길러 놓은 이도, 그만 못지 않은 행복한 族屬이다.

독서의 즐거움은 현실파나 理想家에게나, 다 공통히 발견의 기쁨이 있다. 콜룸부스적인 새로운 사실과 지식의 領域(②)의 발견도 좋고, '하늘의 무지개를 바라보면 내 가슴은 뛰노나.' 식의 워드워즈적인 靈感(③), 敬虔(④)의 발견도 좋고, 더구나 나와 같이, 에머슨의 말에 따라, '천재(天才)의 작품에서 내버렸던 자아(自我)를 발견함'은 더 좋은 일이다. 요컨대, 不斷의 즐거움은 맨 처음 '경이감(㉠)'에서 발원되어 진리의 바다에 흘러가는 것이다. 周知하는 대로, '채프먼의 호머를 처음 보았을 때'에서 키츠는 이미 우리의 느끼는 바를 代辯하였다.

그 때 나는 마치 어떤 天體의 감시자가 視界 안에 한 새 遊星의 헤엄침을 본 듯, 또는 장대한 코르테스가 독수리 같은 눈으로 太平洋을 凝視(⑤)하고—모든 그의 부하들은 미친 듯이 놀라 彼此에 서로 바라보는 듯—말없이 다리엔의 한 봉우리를, 혹은 이미 定評있는 고전을 읽으라, 혹은 가장 새로운 세대를 呼吸(⑥)한 新書를 더 읽으라, 각인에게는 各樣의 견해와 각자의 勸說이 있다.(중략)

나는 이 글에서 독서의 즐거움을 終始 역설하여 왔거니와, 그 즐거움의 흐름은 汪洋(⑦)한 深衷(⑧)의 바다에 도달(㉡)하기 전에, 우선 崎嶇(⑨), 艱難(⑩), **칠전팔도(가)**의 괴로움의 峽谷(⑪)을 수없이 經過함을 요함이 毋論이다. 깊디 깊은 진리의 탐구(㉢)나 구도적(求道的)인 독서는 말할 것도 없겠으나, 尋常(⑫)한 학습에서도 서늘한 즐거움은 항시 '애씀의 땀'을 씻은 뒤에 배가(㉣) 된다. 卑近(⑬)한 일례로, 요새는 그래도 스승이 많고 서적도 흔하여 면학(勉學)의 초보적인 隘路(⑭)는 적으니, 학생 제군은 나의 소년 시절 보다는 덜 애쓴다고 본다. 나는 어렸을 때에 그야말로 漢籍 수백 권을 모조리 남에게 빌어다가 철야(㉤), 종일 베껴서 읽었고, 한문은 워낙 無師 獨學, 數學조차도 혼자 애써서 깨쳤다. 그 괴로움이 얼마나 하였을까마는, 독선 硏眞(⑮)의 취미와 즐거움은 그 속에서 攄得(⑯), 양성되었음을 솔직히 고백한다.

양주동, 「면학의 서」 중에서

4. 윗글의 ①~⑯에 해당하는 讀音을 쓰시오.

5. 윗글의 밑줄 친 ㉠~㉤에 해당하는 漢字를 쓰시오

6. 윗글의 밑줄 친 (가) '칠전팔도'를 한자로 쓰시오.(2점)

❏ 다음 괄호에 적절한 漢字를 넣어 成語를 완성하시오.

  7.錦衣夜(　　)　　　　　8.(　　)卵之危　　　　　9.多岐(　　)羊

  10.(　　)斧作針　　　　　11.四面楚(　　)　　　　　12.(　　)翁之馬

❏ 주어진 漢字의 反對(또는 對立)되게 글자를 넣어 단어를 완성하시오.

  13.(　　)伏　　　　14.昇(　　)　　　　15.去(　　)　　　　16.始(　　)

  17.送(　　)　　　　18.斷(　　)　　　　19.貧(　　)　　　　20.貴(　　)

漢字 쓰기

학과(부)	학번	이름	담당교수

政府 정치 정 관청 부

與野 함께 여 들판 야

對峙 대할 대 우뚝솟을 치

紀綱 벼리 기 벼리 강

領袖 옷깃 영 소매 수

清廉 맑을 청 청렴할 렴

逃避 달아날 도 피할 피

輿論 수레 여 논할 논

調査 고를 조 찾을 사

就任 나아갈 취 임할 임

漢字 쓰기

학과(부)	학번	이름	담당교수

選擧
가릴 선 들 거

移轉
옮길 이 구를 전

首都
머리 수 도읍 도

地域
땅 지 지경 역

均衡
고를 균 저울대 형

謄本
베낄 등 근본 본

罷免
마칠 파 면할 면

譴責
꾸짖을 견 꾸짖을 책

解消
풀 해 사라질 소

隔差
떨어질 격 어긋날 차

經濟와 經濟 活動

'經'은 글자에 나타나 있는 것과 같이 천을 짜기 위해 '베틀에 걸어놓은 세로실'을 의미하였다. 가로 실은 당연히 '緯'가 된다. 이 '經緯'는 일정한 간격으로 십자로 교차하는 모양을 하고 있기 때문에 곧 가로와 세로로 낸 도로를 나타내는 말로 전용되었다. 즉, 남북으로 낸 도로를 經道라고 하고 동서로 낸 도로를 緯道라고 하였다. 통치자가 자신의 도읍을 구획하고 그 사이에 길을 내는 것은 바로 국가를 경영하는 일이었다. '濟'는 '강이나 시내를 건네주다' 혹은 '물에 빠진 사람을 구해주다'는 의미로 쓰였는데, 마치 '도탄에 빠진 사람을 구제한다.'는 식으로 전용되었다.

經濟의 고전적 의미는 '經世濟民', 즉 '세상에 나가 포부를 펼치고, 백성을 구제한다.'는 뜻을 지니고 있다. 예를 들어 조선 후기의 학자 徐有榘가 쓴 『林園經濟志』란 책에서도 '경제'의 뜻을 유추해 볼 수 있다. 서유구는 서문에서 '전원생활을 꿈꾸는 선비들에게 필요한 지식과 기술들을 설명하기 위함'이라고 이 책의 성격을 분명히 밝혔다. 그래서 본문에서도 농기구를 다루는 법, 전국에 場市가 서는 날 등을 꼼꼼하게 기록하였던 것이다.

❋ 새 高額券 발행

23日부터 시작되는 5만원권 新券 발행에 따라 新券 2700여만장이 시중 流通된다. 韓國은행은 새 고액인 5만원 발행을 시작한다고 23일 밝혔다. 고액권이 나오는 것은 1973년 6월의 1만원권 이후 36년 만에 처음이다. 신사임당 초상이 들어가는 5만 원권은 가로 154㎜, 세로 68㎜로 새 1만원권보다 가로는 6㎜가 크고, 세로는 같으며 색상은 황색 系列이다. 한편 金融 機關 대상 需要 調査에 따른 5만원권 신권 인출 수요액은 1조3530억원에 달했다. 한은은 이달 말까지 4000만장(2조원) 내외의 5만원권 需要 豫測에 따라 신권을 충분 供給할 計劃이다. 공급된 신권은 은행과 郵遞局 창구 등에서 교환할 수 있고 한국은행 발권국(남대문로)과 각 지역본부 貨幣 교환 창구에서도 1인당 20장(100만원)까지 交換할 수 있다. 금융기관들은 5만원 입·출금이 가능한

현금 取扱 器機(CD/ATM)를 店鋪 당 1대씩 運營할 수 있도록 기기 交替를 진행 중이다. 한은은 5만원권 발행을 맞아 한은 본관 1층 현송장에서 ○○○ 총재, ○○○ 금융통화위원, ○○○ 부총재 등이 참석하는 발행 개시 행사를 가졌다. 행사에서는 테이프 커팅이 진행됐고 5만원권 실물이 공개됐다. 一連 番號가 빠른 5만원권 競買 방식은 다음 달 중 細部 내용이 발표될 예정이다. 빠른 번호(AA*******A) 100만장 가운데 1~100번은 한은 화폐금융박물관에 展示하고 101~2만번은 일반인을 대상으로 인터넷 경매가 실시된다. 〈오마이뉴스〉

✳ 외환위기

한국이 外換 危機에서 벗어나기 위해 IMF로부터 빌린 借入金을 전액 償還하는 2001년 8월까지 '잃어버린 3년 8개월'은 한국 사회에 엄청난 사회적 비용을 강요했다. IMF는 한국에 고금리 政策·緊縮 재정·구조 조정·整理 해고 등을 권고, 아니 사실상 강요했는데, 이는 대규모 企業 倒産과 失業 사태를 惹起했다. 그로 인한 사회적 비용으로 階層의 양극화, 신빈곤 階層의 등장, 노동시장의 歪曲, 비정규직 雇傭의 확대, 가족의 해체, 공동체 規範의 이탈, 생계형 犯罪의 增加, 한탕주의 사회 가치관 擴散 등이 논의되어 왔다. 1997년 말 한국을 절망과 좌절 속으로 몰아갔던 외환위기 사태가 발생했을 때, 한국을 세 차례 방문했던 IMF 총재 미셸 캉드쉬는 영락없이 '식민지를 시찰하러 온 경제 총독'이었다. 그는 한국에 救濟 金融을 지원하는 대신 대통령과 대통령 후보들에게 각서를 요구하기도 했다.(중략)

IMF 환란이 던진 衝擊의 핵심은 "일국의 경제가 이렇게까지 脆弱할 수 있는가?"하는 것이었다. 이른바 '카지노 자본주의'라는 말은 들었지만 그것이 이런 수준으로까지 '주권의 취약성'을 드러내게 할 줄은 몰랐다는 것이 衝擊을 받은 사람들의 한결같은 반응이었다. 그러나 유감스럽게도 IMF 환란 하루빨리 극복해야 한다는 당위에만 절대 다수의 사람들의 관심이 쏠렸을 뿐 세계에서 최고 수준의 극심한 해외 의존도로 인해 '카지노 자본의'에 매우 취약한 경제 구조를 가진 한국과 같은 나라가 앞으로 취해야 할 노선은 무엇인가 하는 고민은 제대로 검토되지 않았다. 그런 의미에서 IMF 환란은 앞으로도 한국의 잠재적인 고민이자 딜레마가 될 수밖에 없다.

강준만, 『나의 정치학 사전』(인물과사상사, 2005)

한자와 이야기

애덤 스미스의 『국부론』(1776)

애덤 스미스(Adam Smith, 1723~1790)는 資本主義의 古典的 이데올로기인 經濟自由主義의 아버지이다. 그는 謙遜한 사람이었다. 스코틀랜드 出身인 그가 영국 貴族의 個人敎師가 되기 위해 글래스고대학교에서 道德哲學 分野 敎授로서의 교직 활동을 마칠 때 그는 자신의 講義를 학기 중에 중단해야만 했다. 그래서 마지막 강의 시간에 스미스는 모든 수강 학생들에게 封套 하나씩을 나누어주었는데, 그 封套에는 그들 각자의 授業料가 들어 있었다. 그는 학생들에게 돈을 돌려주고자 했던 것이다. 당시에는 대학생들이 수업료를 직접 敎授에게 支佛하는 것이 通例였다. 하지만 학생들은 그 돈을 돌려받기를 拒否했다. 그들은 말하기를 자신들은 이미 돈으로 지불한 것보다 더 많은 것을 배웠노라고 했다. 스미스는 깊이 감동받았지만 頑强하게 자신의 뜻을 굽히지 않았고, 옆에 앉은 학생의 上衣 주머니에 막무가내로 돈봉투를 찔러 넣었다. 결국 학생들은 자신들의 拒否가 아무런 효과가 없다는 것을 깨달았고, 돌려주려는 강의료를 억지로 받아야만 했다.(중략)

『國富論』은 經濟 理論의 위대한 古典이다. 애덤 스미스는 근대 국민 경제의 토대를 놓았고, 동시에 새로운 학문인 國民經濟論을 基礎했다. 『國富論』은 사회의 한 부분인 經濟 體裁의 意味와 作動 방식에 대한 최초의 체계적이자 광범위한 저술이다. 연구의 중심은 시장의 균형에 대한 스미스의 저술이다.

스미스의 엄청난 業績을 가늠해보기 위해서는 18세기 말에는 경제에 대한 포괄적인 이론이나 經濟學이라는 專功分野도 없었다는 사실을 알고 있어야 한다. 스미스는 철학 교수였다. 그는 經濟의 매커니즘에 대한 자신의 認識을 당대의 뛰어난 思想家들과의 活潑한 의견 交換을 통해 얻었다.(그는 특히 철학자 데이비드 흄과 친교를 맺고 있었다.) 그리고 그는 산업화 이전의 사회가 産業資本主義로 넘어가는 과정을 주의 깊게 관찰했던 사람이다. 사실상 스미스의 넓은 시야는 敬畏感을 불러일으킨다. 그가 자신의 거대한 작품을 썼을 때는 영국에는 단지 몇 개의 手工業

공장과 機械 施設 工場이 존재했다.

　스미스의 핵심 이념은 다음과 같다. 인간의 이기주의는 社會 全體의 福祉를 위한 열쇠라는 점이다. 스미스가 冷徹하게 인식한 사실은, 경제란 慈善 행위의 기초에서 작용하는 것이 아니라는 점인데, 經濟 活動에 참여하는 모든 사람들이 富裕하게 되려는 이해를 좇아가기 때문이다. 동정은 좋지만 경제에서는 그렇지 않다. 개개인 각자에게 자신의 경제적 이해를 追求할 자유를 부여한다면 그것은 결국 모두를 위하여 지불된다. 따라서 개개인의 이기심은 전 국민의 秩序와 福祉, 繁榮의 源泉이라는 것이 드러난다. 이런 핵심 사상은 자유주의 경제의 신조가 되었다.

크리스티아네 취른트(조우호 역), 『책, 사람들이 읽어야 할 모든 것』(들녘, 2003)

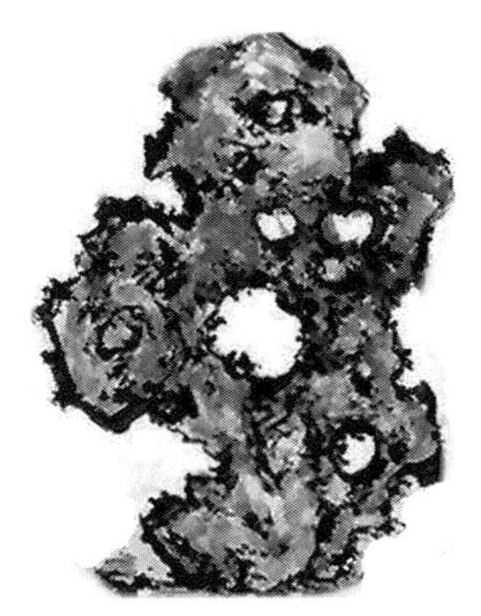

한자성어

積塵成山

티끌이 모여 산을 이룬다는 뜻. 작은 것을 모아 큰 것을 이룬다는 뜻으로 속담 '티끌 모아 태산'에 해당하는 한자성어이다.

> **예** 〈에도 문인의 스크랩북〉은 반케이가 1836년부터 약 25년 동안에 만든 積塵成山이라는 스크랩북에 대해서 기록한 것이다. 야마구치 마사오(오정환 역), 『패자의 정신사』, 한길사, 2005의 서평

奇貨可居

진시황이 13세 때 황제에 즉위하자 실질적인 권력을 획득한 呂不韋는 '奇貨可居', 즉 진기한 물건은 미리 차지해두는 것이 좋다고 한 데서 유래. 진귀한 물건을 사 두었다가 훗날 큰 이익을 얻게 한다는 뜻.

> **예** '奇貨可居'라는 고사성어가 있습니다. 지금 당장은 큰 가치가 없지만 훗날에는 이익을 줄 만한 인물을 뜻합니다. 우리 젊은이들도 奇貨可居의 정신으로 희망을 잃지 말고 미래를 준비하기를.
> 〈신동아 경제, 2009.01.23〉

壟斷

『孟子』에서 유래한 말로, 높이 솟아 있는 언덕이란 뜻. 곧 재물을 독차지하거나 이익을 독점하는 것을 뜻한다.

> **예** 스탠리 코언 같은 사회학자는 언어적 도덕성이 없는 권력이 세 가지 부인 방식에 의존해 정치를 壟斷하고 인권을 蹂躪한다고 지적한다. 〈프레시안, 2009.02.18〉

家給人足

집집마다 살림이 넉넉하고, 사람마다 의식에 부족함이 없음을 뜻하는 말.

예 立春帖은 보통 민가나 장사하는 집에서 많이 썼고 관공서 같은 곳에서는 '國泰民安 家給人足' 등의 문구를 많이 썼다. 〈세계일보, 2009.02.03〉

窮思濫爲

궁한 생각 끝에 함부로 아무 짓이나 하게 됨.

예 窮思濫爲라더니, 지갑이 얇아서 눈과 귀가 멀었었나 봅니다. 실용한자 자기소개서 중

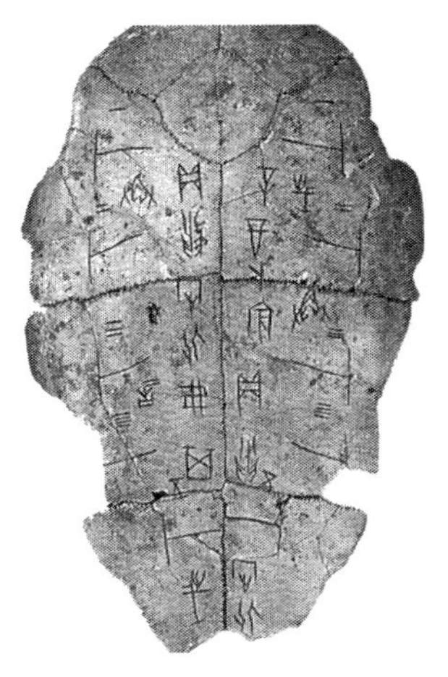

생활 속의 한자

免墻

'알아야 免墻을 하지'라는 말이 있다. 아는 게 힘이라는 뜻이다. 그런데 이때의 免墻을 面長으로 잘못 알고 있는 경우가 허다하다. 『明心寶鑑』에는 배우지 못한 사람의 처지를 面墻에다 비유하고 있다.

不學者, 如蒿如草, 耕者憎嫌, 鋤者繁惱, 他日面墻, 悔之已老
(배우지 못한 사람은 마치 쑥과 잡풀과 같아서 밭가는 이가 싫어하고 호미질하는 이가 번거로워 하니 뒷날 담에 얼굴을 맞대고서 후회할 때는 이미 늙었을 때다.)

담에 얼굴을 맞대고 있으면 담 이외에는 앞에 보이는 게 없다. 井底之蛙, 곧 우물 안의 개구리는 우물 크기만큼의 세계는 볼 수 있지만 面墻한 사람은 앞이 꽉 막혀 아무 것도 볼 수 없어 일의 옳고 그름을 분별할 수도 없다. 그러니 담에서 얼굴을 맞대는데서 벗어나야 한다. 이것이 곧 免墻이다. 그러기 위해서는 지식은 물론 세상사는 지혜를 제대로 배우고 익혀야 한다. 그리하여 보다 넓은 세상으로 시야를 키워나가자.

食言

食言을 글자대로 풀이하면 말을 삼킨다는 뜻이다. 꿀꺽 음식을 삼키듯 약속한 말을 저버리고 지키지 않을 때 이를 식언이라고 한다. 잘 알려진 대로 三國史記 溫達列傳에 이런 용례가 보인다.

公主對曰, 大王常語, 汝必爲溫達之婦, 今何故改前言乎. 匹夫猶不欲食言, 況至尊乎. 『三國史記』
(공주가 대답하기를, '대왕께서는 항상 너는 반드시 온달의 아내가 될 것이라고 말씀하셨는데 지금 무슨 까닭으로 전에 했던 말씀을 고치려 하십니까. 보통사람들도 식언하지 않으려하는데 대왕께서

식언해서야 되겠습니까'라고 했다.)

　평강왕은 공주의 울음을 그치게 할 요량으로 온달에게 시집보내겠다는 말을 장난삼아 했지만 공주는 그 말을 가슴에 고이 새겨두었던 것이다. 至尊의 자리에 있는 왕은 말을 합부로 해서도 안 되고 더구나 한번 한 말에 대해선 끝까지 책임을 져야 한다고 생각했기에 공주는 上部 高氏에게 시집가라는 父王의 말을 단호하게 물리칠 수 있었다. 식언을 밥먹듯이 하는 사람들에게 이런 얘기를 들려준다면 그들은 과연 어떤 표정을 지을까.

興清

　燕山君은 두 차례나 士禍를 일으켜 수많은 士林을 무참히 殺戮하고 중앙의 국립교육기관인 成均館을 酒色場으로 전락시킨 바 있다. 酒色에 탐닉했던 그는 1504년에 각 지방에 명을 내려 才色을 겸비한 기생을 뽑아 궁중에 두게 하고 이를 흥청이라고 불렀다. 그리고 흥청을 이렇게 풀이했다.

　　所謂興清, 乃蕩滌邪穢之意也. 『燕山君日記』
　　(이른바 흥청이라고 한 것은 곧 사악하고 더러운 것을 씻어낸다는 뜻이다.)

　이처럼 흥청이란 말에 담긴 의미는 더없이 좋았지만 본래의 뜻과는 달리 연산군은 기생의 무리, 곧 흥청과 질탕하게 놀면서 더욱 음란하고 포악해졌다. 그러다가 그는 결국 폭군으로 烙印 찍혀 廢位되고 말았다. 흥에 겨워 마음껏 거들먹거리며 논다는 뜻을 지닌 '흥청거리다'라는 말은 바로 여기서 유래된 것이다.

　연산군은 國事를 제쳐놓고 흥청과 함께 흥청거리며 놀다가 자신의 신세를 망친 대표적인 인물이다. 지금 흥청거리며 노는 사람들이 이런 얘기를 들으면 어떤 표정을 지을지 자못 궁금하다.

漢字 試驗 對備

1. 다음 漢字의 音과 訓을 쓰시오.

▫契　　　▫給　　　▫購　　　▫騰　　　▫融　　　▫賂　　　▫倒

▫貿　　　▫險　　　▫粉　　　▫飾　　　▫費　　　▫段　　　▫貰

▫款　　　▫帳　　　▫特　　　▫解　　　▫協　　　▫換　　　▫稀

2. 다음 漢字의 部數를 쓰시오.

▫革 :　　　▫率 :　　　▫務 :　　　▫需 :　　　▫勞 :　　　▫易 :　　　▫術 :

3. 다음 漢字의 讀音을 쓰시오.

▫危機(　　　)　▫償還(　　　)　▫政策(　　　)　▫緊縮(　　　)　▫調整(　　　)

▫企業(　　　)　▫倒産(　　　)　▫惹起(　　　)　▫雇傭(　　　)　▫規範(　　　)

▫增加(　　　)　▫擴散(　　　)　▫救濟(　　　)　▫衝擊(　　　)　▫脆弱(　　　)

▫新券(　　　)　▫流通(　　　)　▫金融(　　　)　▫需要(　　　)　▫調査(　　　)

▫豫測(　　　)　▫計劃(　　　)　▫貨幣(　　　)　▫取扱(　　　)　▫店鋪(　　　)

▫運營(　　　)　▫番號(　　　)　▫競買(　　　)　▫細部(　　　)　▫展示(　　　)

▫尖端(　　　)　▫構築(　　　)　▫差額(　　　)　▫柔軟(　　　)　▫就職(　　　)

▫誘致(　　　)　▫零細(　　　)　▫選擇(　　　)　▫基調(　　　)　▫要諦(　　　)

▫底邊(　　　)　▫價値(　　　)　▫賂物(　　　)　▫崩壞(　　　)　▫沈滯(　　　)

4. 다음의 音과 訓에 해당하는 漢字를 쓰시오.

①값 가 　　②재물 재 　　③빌릴 차 　　④바꿀 환 　　⑤쌓을 적

⑥부지런할 근 　　⑦장사 상 　　⑧검소할 검 　　⑨낳을 산 　　⑩펼칠 전

□ 다음 글을 읽고 물음에 답하시오.

'지출을 통제(❶)하라.'는 말은 필수적인 지출과 그렇지 않은 것을 구분(❷)하여 **浪費①** 요인을 제거하라는 뜻이다. ㉮**무조건 아끼고**, 돈을 쓰지 말라는 게 아니라 매월 일정한 돈으로 살아가는 **習慣②**을 가지라는 데에 가깝다. 이렇게 하면 충분히 **貯蓄③**하는데 많은 도움이 된다. '**豫備④** 자금을 보유하라'는 말은 예상치 못한 일로 평소보다 많은 돈을 지출해야 하는 경우(❸)가 생길 것에 대비해 일종의 비상자금을 **確保⑤**하라는 뜻이다. 예비자금 없이 투자를 하다가 뜻하지 않게 많은 돈을 지출해야 하는 일이 생기면 투자 계획에 **蹉跌⑥**이 생길 것은 뻔하다. '장기간 투자하라'는 말은 복리(❹) 투자를 **持續⑦**하라는 뜻이다. 돈 관리 (❺)의 최종 목적은 부자가 되는 것이며, 부자가 되려면 복리 투자를 지속해야 한다는 사실은 아무리 강조해도 지나치지 않다. 따라서 지출을 통제하고, 예비자금을 보유하는 일도 결국은 부자가 되기 위해 장기간 투자하라는 마지막 단계를 성공적으로 실행하기 위한 준비 과정이다. 3단계 돈 관리법을 좀 더 단순하게 표현하면 '**貯蓄**하고, 대비한 후, 투자하라!'는 세 마디로 요약할 수 있다. 이 간단한 원칙을 이해하고 실천하는 것만으로도 돈을 관리하는 데 많은 도움이 된다.

고경호, 『4개의 통장』(다산북스, 2009)

5. ①~⑦에 해당하는 漢字의 讀音을 쓰시오.

6. ❶~❺의 單語를 漢字로 쓰시오.

7. 보기에서 밑줄 친 ㉮에 해당하는 漢字成語를 고르시오.

　①絶長補短　　　②呲咨考妣　　　③泣斬馬謖　　　④一字千金　　　⑤不夜城

□ 주어진 漢字의 反意語(또는 對立語)를 넣어 단어를 완성하시오.

　8.賣(　　)　　　　9.當(　　)　　　10.明(　　)　　　11.(　　)來

　12.賞(　　)　　　13.新(　　)　　　14.優(　　)　　　15.(　　)緯

□ 주어진 漢字의 正字와 略字가 맞게 짝지어진 것을 고르시오.

　16. ①證－証　　②協－叶　　③圈－圖　　④機－幾　　⑤節－窃

　17. ①濟－第　　②團－圓　　③鐵－鉄　　④鎖－琑　　⑤磨－麻

　18. ①藝－芮　　②權－権　　③鑄－壽　　④經－俓　　⑤壞－怪

　19. ①値－直　　②券－卷　　③盜－刀　　④與－汝　　⑤變－変

　20. ①盤－般　　②群－郡　　③關－關　　④對－対　　⑤劃－盡

漢字 쓰기

학과(부)	학번	이름	담당교수

雇傭
품살 고 품팔이 용

商標
장사 상 끝 표

關稅
빗장 관 세금 세

經濟
지날 경 건널 제

誘致
꾈 유 이를 치

規模
법 규 법 모

零細
떨어질 영 가늘 세

貨幣
재화 화 예물 폐

賦與
줄 부 줄 여

贊助
도울 찬 도울 조

漢字 쓰기

학과(부)	학번	이름	담당교수

賻 儀				
부의 부 거동 의				

盜 賊				
훔칠 도 도적 적				

祝 賀				
빌 축 하례할 하				

底 邊				
밑 저 가 변				

價 値				
값 가 값 치				

急 騰				
급할 급 오를 등				

借 款				
빌 차 정성 관				

金 融				
돈 금 녹일 융				

換 率				
바꿀 환 비율 율				

債 務				
빚 채 힘쓸 무				

사회와 공동체

‘社會’란 단어는 오늘날 학문 분야에서는 물론 일상생활에서도 널리 사용되는 용어이다. 그런데 이 말은 영어 ‘society’의 번역어로, 우리들이 널리 쓰게 된 것은 그리 오래되지 않았다. 전통적 언어 관습에서는 社와 會가 각각의 독립적 개념으로 사용되었는데, 이를 간략하게 살펴보기로 한다.

社는 귀신을 제사지내는 示와 土가 합쳐진 글자이다. 갑골문과 금문에서 ‘示’는 제사를 지낼 때 쓰이는 돌로 만든 祭卓 주위에 핏방울이 떨어진 모습이다. ‘土’는 주변의 낮은 언덕, 즉 제사를 지내는 장소를 상징하는 것으로, 귀신을 모시는 시설물을 의미한다. 그러므로 ‘社’는 마을이나 종족 단위에서 지내는 제사의 모습을 나타내는 글자라 하겠다.

會는 許愼이 『說文解字』를 통해 ‘合’이라고 풀이한 것처럼, 일종의 모임을 뜻하는 글자이다. 일반적으로 학자들은 會 자의 갑골문·금문이 고기를 담는 그릇과 祭需를 합친 모양이라고 설명하지만, 허신의 설명에 따라 ‘모임’에 보다 많은 의미를 부여하고 있다.

한자문화권에서 이 두 글자를 합쳐서 社會라는 단어로 처음 사용한 이들은 일본인들이다. 1786년 네덜란드 일본어 사전인 『波留麻和解』에서 ‘society’란 단어가 등장하자 일인들은 ‘交ル(교제하다)’ 혹은 ‘集ル(모이다)’로 번역하였다. 그러다가 후쿠자와가 『西洋事情外篇』에서 ‘인간교제’로 번역한 이후, 모리아리노리(森有禮)가 ‘社會’로 대체하면서서 ‘society’는 社會로 정착되있다.

우리나라에서 社會란 용어는 1890년대 들이외 치음으로 보이고 있다. 1895년에 간행된 『國民小學讀本』에 “社會에 弊風을 匡正ㅎ야 마ᄎ내 威權에 强盛흠을”이란 말로 보아 이 무렵 사회란 용어가 유입되있을 깃으로 추정된다. 그러나 본격적인 사용은 아마도 1890년 후반 이후가 아닐까 짐작한다.

김언종, 『한자의 뿌리 1』(문학동네, 2001) / 최경옥, 『번역과 일본의 근대』(살림, 2005)

✳ '여성천하'라는 노블랑그

프랑스의 대표적인 지식 생산자인 피에르 부르디외는 '지식인들의 여론 조작'이라는 글에서 '노블랑그'라는 말을 소개했다. 노블랑그(noble langue)란 조지 오웰의 소설 '1984년'에 나오는 조어로, 지식인들이 曖昧한 표현을 통해 여론을 조작하는 것을 말한다. 여기에 해당되는 단어로 세계화, 柔軟性, 共同體, 多文化 社會 등을 들고 있다. 노블랑그란 근본 문제는 숨긴 채 巧妙하게 사실을 歪曲하여 전달하는 표현을 말한다. 요즈음 우리 사회에도 양성평등과 관련된 노블랑그가 유포되고 있다. 해마다 증가하는 여성들의 국가고시 합격률이 원인이 되었다. 지난해 여성들은 行政考試 51.2%, 外務考試 65.7%, 司法試驗 38%의 합격률을 보였다.

그러자 거의 모든 언론에서는 '여성천하'가 이미 되었다는 식으로 호들갑을 떨었고, 여성에 대한 집단적 차별이라는 이유로 廢止되었던 군 가산점제를 하루속히 부활시켜 여성의 지나친 공직 진출을 막아야 한다는 분위기도 힘을 얻기 시작했다. 국가고시의 경우 군 가산점과는 전혀 상관없는 시험임에도, 시험을 잘 보는 여성들에 대한 남성들의 憤怒를 慇懃히 刺戟하는 모양새로 보도되었다. 우리나라에서 공식적인 고등교육의 機會를 얻은 지 100년도 되지 않은 여성의 높은 고시 합격률은 충분히 놀랄 만하나, 원래 여성들은 시험에 강하다는 통설도 있다. 여학생이 남학생보다 공부를 잘하는 이유로 성별에 따른 役割 분담을 들기도 한다. 원래 어머니는 자녀를 교육하는 양육자의 역할을 맡다보니 학습에 더 열심이라는 것이다.

최근 발표된 '2008년 행정안전통계연보'에 따르면, 중앙행정기관의 여성 공무원 비율은 29% 이지만, 4급 이상 관리자의 비율은 6%다. 3급 이상 여성 공무원 비율은 0.9%(고위공무원단 885명 가운데 여성은 8명)에 불과하다. 중앙부처는 100명당 1명꼴이고, 지방자치단체에는 여성 고위직 공무원이 전혀 없다. 매년 유엔개발계획(UNDP)에서 발표하는 여성들의 정치·경제 분야에서의 참여 정도를 나타내는 女性權限 尺度에서 우리나라는 68위이며, 여성 국회의원 비율은 156개국 중 82위, 여성 장관 및 閣僚 비율은 156개국 중 132위다. 고시 합격률의 남녀 비율이 逆轉된 것은 근래의 일이다. 여성의 높은 합격률이 공직자의 남녀 직급 비율에 반영되는 데는 시차가 있다는 것을 勘案하더라도, '여성천하'라는 말은 현실과는 동떨어진 노블랑그일 수밖에 없다.

〈여성신문〉

✹ 다문화가족 지원 확대, 歸化 엄격히

탈법적 국제결혼방지를 위한 국제결혼중개업 管理 강화 및 結婚辭證審査가 강화된다. 다문화 가족의 就業과 자녀 양육 등에 대한 정부 支援이 擴大된다. 정부는 건전한 國際結婚 풍토 조성을 위해 입국 전 검증시스템이 강화하기로 했다. '詐欺 結婚' 방지를 위해 국제결혼 중개업자는 결혼 희망 외국인에게 반드시 결혼당사자(한국인)의 身上情報를 서면으로 提供토록 했다. 이와 함께 국제결혼중개업 標準 約款 제정을 통해 중개업체에 의한 피해자 보호에도 나서기로 했다. 정부는 출입국관리소에서 결혼 辭證 발급에 앞서 남녀를 불러 교제 및 결혼의 진정성 여부 등을 직접 묻고 확인하는 '실태 조사' 대상국을 현행 중국 1개국에서 베트남, 필리핀 등 23개국으로 擴大키로 했다.(중략)

다문화 가족에 대한 支援은 擴大된다. 다문화 가족 영유아가 많은 보육시설과 다문화 가족 支援센터에 '다문화 언어 지도사'가 配置되고, 시설을 이용하지 않은 영유아를 위해서는 '희망 유아교육사' 配置가 擴大된다. 올해 여름방학부터 다문화 가족 자녀를 위한 이중 언어교실이 示範 운영되며, 단계적으로 擴大되고 이들을 위한 방과 후 학교의 수준별 보충 프로그램도 강화된다. 그동안 각각 진행되던 사회통합 履修制와 다문화가족지원센터의 한국어 교육 및 한국어 문화 이해사업이 상호 連繫되는 등 체계적인 한국어 교육도 이뤄진다. 결혼이민자의 진로 및 취업 斡旋 프로그램도 강화된다. 정부는 결혼이민자의 진로 설계 支援 프로그램을 개발, 보급키로 했다. 직업능력개발계좌제 등을 활용해 이들의 訓練과 취업에도 도움을 줄 계획이다. 결혼이민자를 채용하는 기업에 인센티브를 賦與하는 방안도 검토하고 있다. 가족폭력 피해 이주여성에 대한 支援 擴大를 위해 '이주여성 자활공간'을 설치하고, 가족해체로 방치된 자녀에 대한 실태를 파악해 대책을 마련키로 했다.

〈파이낸셜뉴스〉

한자와 이야기

“韓屋이란 한마디로 藝術이고 文化죠”

“工藝·建築·歷史, 모든 면에서 韓屋은 누가 봐도 幻想的이고 문화적 價値가 뛰어나다. 불투명한 開發 利益 約束만 믿는 사람들을 이해할 수 없었다.”35년째 살고 있는 서울 성북구 동소문동 한옥을 재개발의 狂風으로부터 막아낼 수 있는 法院 判決을 받아낸 백안의 미국인 피터 바돌로뮤(61) 씨의 말이다. 서울행정법원 행정 14부(성지용 부장판사)는 4일 피터 바돌로뮤 씨를 비롯한 동소문 6가 주민 20명이 서울시를 상대로 낸 동선 3주택 재개발 정비구역 지정 처분 등 取消 訴訟에서 原告 勝訴 判決을 했다.

“그동안 지쳐서 머리가 다 빠졌다니까요.”9일 오후 옛 한국일보 社屋 뒤편 서울 수송동 커피숍에서 마주 앉은 바돌료뮤 씨의 말이다. 準備 期間까지 합쳐 1년 7개월여라는 기나긴 법정소송의 터널을 빠져나온 사람답지 않다. 미국인 특유의 유머감각이다. 회사 부사장, 학회 회장이라는 직함과 환갑을 넘긴 나이에 걸맞지 않게 손수 운전하는 모습, 커피 한 잔과 쿠키로 저녁을 때우는 모습 역시 典型的인 ‘실용’ 미국인이다.

그는 인터뷰 내내 유창한 한국말로 장난 섞인 표정과 弄談을 곁들였다. 그러나 소송과정, 한옥에 대한 자신의 가치관을 설명할 때는 달랐다. 안경 너머 큰 눈을 부릅뜨고 펜과 종이를 꺼내 적어가며 열변을 토한다. 좋아하는 것의 가치를 지킬 줄 아는 열정이다. 우리는 그에게서 무엇을 배워야 할까.

1968년 平和奉仕團員으로 한국에 온 그는 강원 강릉시서 99칸 한옥인 선교장에 살면서 한옥의 매력에 흠뻑 빠져들었다. 유리 한 장 없이 원형 그대로 보존된 한옥과 주인집 식구들의 인간적인 魅力에 사로잡혔다. 專攻인 經濟學이나 職業인 船舶 컨설팅과 별 상관없는 建築學·韓國史 책을 뒤져가며 한옥을 공부하기 시작한 시점이다. 봉사단 활동을 마친 지난 1973년부터 서울 동소문 한옥에 둥지를 튼 것은 지금까지의 한옥 생활로 이어졌다. 바돌로뮤 씨에게 한옥이란? 그에게 한옥이란 한마디로 “예술”이고 “문화”다. ‘공예’적 가치. 그가 꼽는 한옥의 첫 번째 매력이다. 그는 마루방의 서까래, 주인이 선택한 한자를 형상화한 문살의 幾何學的 아름다움에 주목했다. 바돌로뮤 씨는 "한옥은 누가 봐도 모양이 예쁘고 그래서 좋다"라며 "지붕 밑에 대들보 뿐 아니라 기둥 바로 옆의 下房, 上房, 문, 안에서 보면 탁 트인 구도까지 정교하고 아름다운 建築"이라고 한옥 예찬론을 펼쳤다.

'자연' 역시 바돌로뮤 씨가 꼽는 한옥의 가치다. 바돌로뮤 씨는 "나무, 돌, 종이, 기와 등 전부 다 自然資材로 만들어지는 게 韓屋"이라며 "콘크리트, 유리, 비닐 장판·벽지를 사용하는 현대 建築과 달리 완전히 인간적이고 자연적인 재료만 사용하는 獨特한 建築"이라고 말했다. '불편하지 않냐'고 물었다. 그는 "북촌·옥인동 한옥은 보존하되 리모델링해서 예쁘지만 편리하다"고 답했다.

〈한국일보〉

지금도 일상생활에서 널리 쓰이는 한자는 그 말의 語源이 여러 갈래이다. 즉, 전통적 한문 고전에 뿌리를 둔 것도 있고, 근대 이후에 일본이나 중국을 통해 들어 온 말들도 상당하다. 심경호 교수가 『한학연구입문』(이회, 2004)를 통해 정리한 바에 따르면, 현재 우리가 사용하고 있는 한자 어휘는 대략 다음과 같이 5가지 정도로 분류할 수 있다고 했다.

1) 한문 고전 어휘

① 전통적으로 사용했으며, 중세 문헌을 통해 그 용례를 찾아볼 수 있는 단어

　　예　加減, 家門, 決斷, 公事 등

② 白話的 표현의 단어 : 白話는 口語體로 표기된 한자어로, 宋代에 등장한 白話文에 그 기원이 있다. 주로 經傳의 註釋에 많이 등장하던 어휘로 현재의 뜻과는 상이한 것이 많다.

　　예　工夫, 體面, 於此彼, 都大體 등

③ 중국 한자어를 차용하면서 발음까지 차용한 것.

　　예　보배-寶貝, 상투-上頭, 무명-木棉, 사탕-砂糖 등

④ 『詩經』이나 『書經』 등 전통 유가 경전에서 유래한 의성어·의태어가 '~스럽다.', '~답다.', '~하다.' 등이 붙어 우리말이 된 것.

　　예　황당(荒唐)하다. 영롱(玲瓏)하다. 악착(齷齪)같다. 한산(閑散)하다. 등

⑤ 근세 일본 한문 고전어의 뜻 그대로 차용한 것.

　　예　運命, 外出, 鑑賞, 詐欺, 紹介, 賣買, 兵士, 平和, 融通 등
　　　－이 단어들을 현재 중국 사람에게 쓰면, 무슨 말인지 잘 모르는 경우가 많다.

⑥ 근세 일본 한문 고전어에서 유래된 것이지만, 뜻이 다른 경우.

　　예　道具, 親切 등

2) 고유 한자어

① 우리나라에서 만든 한자어

> **예** 感氣, 書房, 道令, 便紙, 三寸 등

② 우리나라에서 만든 한자로 구성된 단어

> **예** 欌籠, 田畓, 垈地, 媤宅 등

② 고유의 원음을 잃어버리고 우리말 체계에 동화된 것.

> **예** 石硫黃-성냥, 軟鷄-영계, 廉恥-얌체, 內凶-내숭, 山行-사냥, 沈菜-김치 등

3) 불교 관련 한자어

① 불교 문화와 관련이 있는 한자어

> **예** 無量, 千差萬別, 電光石火, 粉骨碎身, 言語道斷, 單刀直入 등

② 불교 문화와 관련 있는 일본 한자어

> **예** 便宜, 正體, 大衆, 玄關, 世界, 過去, 他殺, 葛藤, 見解 등

4) 근세 이후의 신생 한자어

① 근세 이후의 일본의 신생 한자어

> **예** 情熱, 家具, 文房具, 熱帶夜, 眞劍勝負 등

② 근세 이후 중국의 신생 한자어

> **예** 條例, 內閣, 繃帶, 敎師, 牛乳, 鉛筆 등

③ 근세 이후 우리나라에서 만든 한자어

> **예** 自家用, 公主病, 性戱弄, 福德房

④ 일본 한자어나 借字 한자어를 우리 독음으로 읽는 경우

> **예** 場所, 場面, 拂入, 手續, 割增, 高水敷地 등

5) 短絡語 – 略語

① 독자적 단락어

> **예** 年中, 韓銀, 勞組 등

② 일본의 단락어를 수용한 경우

> **예** 突發, 公益, 實存, 融資, 連敗, 財테크 등

6) 일본식 표현의 유입

① 근대의 인사말이나, 단어에 붙는 접미사 '~적'

> **예** 失禮합니다, 端的으로

② 일본식 한자 발음이나 일본식 한자성어를 만든 경우

> **예** 우동[饂飩], 天高馬肥, 有耶無耶, 一石二鳥 등

한자성어

和而不同

『論語』「子路」편에, "君子는 화합하되 附和雷同하지 아니하고, 小人은 附和雷同만 하고 화합할 줄 모른다."라는 말에서 유래한 것으로, 남들과 사이좋게 지내기는 하지만 무턱대고 어울리지는 않는다는 뜻.

> **예** ○○○장관은 "管鮑之交처럼 치열하게 경쟁하면서 우정을 나누고 和而不同처럼 원칙을 지켜가면서 주위와 잘 화합하는 지혜를 키워 달라."고 간부들에게 당부했다. 연합뉴스, 〈2009.02.28〉

角者無齒

뿔이 있는 동물은 날카로운 이빨이 없다는 뜻으로, 두 가지 장점을 다 갖추기는 어려움을 형용한 말.

> **예** 이에 대해 직원들은 최근 ○○○ 지사가 시민과 공직자들의 협조를 당부하며 언급했던 '孤掌難鳴', '角者無齒' 등 고사의 의미를 되새길 필요가 있다는 반응이다. 〈제주일보, 2007.01.19〉

口禍之門

중국 당나라 말기의 詩人 馮道의 "口是禍之門, 舌是斬身刀, 閉口深藏舌, 安身處處牢"라는 시에서 유래한 말로, 항상 말을 조심하라는 뜻이다.

> **예** 대회 기간 내내 그가 취한 행동은 정정당당과 거리가 멀었다. 호시노 감독에게 어울리는 네 음절 단어가 있다면 口禍之門이리라. 덕분에 한국 야구 대표팀의 일치단결은 더욱 충전됐다. 도둑이 제 발을 저리는 법이다. 〈스포츠서울, 2008.08.22〉

惡木不蔭

『管子』에서 유래한 말로, 좋지 못한 나무에는 그늘이 생기지 않는다는 뜻. 즉, 덕망 있는 사람에게 많은 사람들이 따른다는 의미이다.

> **예** 惡木不蔭이라고 했듯이, 대인 관계를 원만하게 하고, 인격과 덕망을 갖추도록 노력하는 겸허한 자세가 필요하다. 실용한자 자기소개서 중에서

守株待兎

『韓非子』에 나오는 말로 그루터기에 앉아 토끼가 오면 잡으려고 기다린다는 뜻. 즉 융통성이 없거나 시대의 변화에 순응할 줄 모르는 사람을 가리키는 말이다. =刻舟求劍.

> **예** 그러나 만일 네가 헛된 욕망에 이끌려 함부로 날뛰고 깊은 잠에서 깨어나지 못한다면, 세상의 변화를 모른 체 옛 것만 고집하는 守株待兎의 愚를 범하는 것이다. 〈오마이뉴스, 2002.11.05〉

생활 속의 한자

飮酒

중국 古代 夏나라 때 儀狄이 처음으로 만든 술은 狂藥으로 불리워지기도 한다. 過飮이나 暴飮을 일삼으면 사람을 미치게 하는 毒藥이 된다는 뜻이다. 이처럼 잘못된 음주는 개인적 불행을 초래할 뿐만 아니라 가족이나 주변사람들에게 알게 모르게 갖가지 피해를 끼치기 마련이다. 바로 敗家亡身의 지름길이다. 그리하여 결국엔 하나라 禹王이 예언한 것처럼 亡國에까지 치닫게 된다. 하지만 문제는 술 자체에 있기보다는 마시는 방법이나 그 사람의 태도에 있다.

酒不醉人人自醉 『明心寶鑑』
(술이 사람을 취하게 하는 것이 아니라 사람이 스스로 취한다.)

우리나라만큼 술 마시는 데 목숨 거는 酒黨들이 많은 곳도 없을 것이다. 그들은 '술마시는 자만이 이름을 남긴다(惟有飮者留其名).'고 부르짖었던 李太白처럼 '한 번에 삼백 잔 정도는 마셔야(會須一飮三百杯)' 직성이 풀린다. 얼마나 일상의 삶에 지치고 힘들었으면 生死不問까지 외치면서 마실까. 한편으론 그들이 안스럽게 느껴지기도 한다. 그러나 술로 목숨을 잃는 것처럼 어리석은 일은 없다.

갖가지 종류의 술이 넘쳐나고 하늘의 별만큼이나 총총히 술집이 늘어서 있지만 우리에겐 음주문화라는 게 없다. 술은 집밖에서 정신을 잃을 정도로 마셔야 소기의 목적을 이룬 것처럼 여기는 의식이 깊이 박혀 있다. 酒道를 제대로 가르치지 않은 탓이다.

술은 어른들 앞에서 배워야 孔子가 말한 '어지러운 데 이르지 않고(不及亂)' 자신을 통제할 수 있다. 그래야만 '술 마시다가 쓸데없는 말을 지껄이지 않는 군자(酒中不語眞君子)'가 될 수 있다. 이런 사람이 진정한 愛酒家가 아니겠는가. 술을 밖에서 마셔야만 맛인가. 오늘저녁 가족과 함께 飯酒라도 한 잔 하면서 분위기에 취해보는 건 어떨지.

婚姻

　婚姻은 원래 '結婚姻'의 준말이다. 남녀 두 사람의 결합과 동시에 두 집안끼리 친밀한 관계를 맺는다는 뜻이다. 말하자면 二姓之合이다. 人倫之大事라는 말에서도 알 수 있듯이 혼인은 실로 중차대한 일이다.

　그런데 예나 지금이나 혼인의 풍습이 혼란스럽기는 마찬가지인 것같다. 상대방의 지위나 재산을 혼인의 제일조건으로 내세우는 점에서 더욱 그렇다. 三峰 鄭道傳은 "요즈음 혼인의 풍습을 보면 상대방의 덕행을 보지 않고 다만 한때의 貧富만을 따져 배필을 구하고 있다"고 개탄하면서 잘못된 세태를 지적한 바 있다. 오래가지 못하는 부귀를 기준으로 배필을 구하는 것만큼 어리석은 짓은 없다. 破鏡을 불러오기 십상이다. 사람 됨됨이나 마음씨를 헤아려 배필을 정해야 百年偕老할 수 있다.

　婚娶而論財, 夷虜之道也. 『小學』
　(혼인하는데 재물을 따지는 것은 오랑캐 짓이다.)

　요즈음 혼인하는데 열쇠 몇 개를 전제조건으로 내세우는 사람들이 있다고 한다. 그대들, 진정 오랑캐가 되고 싶은가.

琴瑟

　琴은 5줄 내지 7줄로 된 거문고이고 瑟은 최다 50줄로 된 큰 거문고이다. '琴瑟相和'란 두 거문고 의 소리가 잘 조화된다는 뜻이다. 그 뜻이 이어져서 원만한 부부사이를 지칭하는 말로 자주 쓰이고 있다. '금실 좋다'는 말은 바로 여기서 나온 것이다.

　부부가 조화를 이루기 위해선 무엇보다 서로에 대한 신뢰와 이해가 있어야 한다. 일방적으로 어는 한 쪽에게만 의무를 강요할 때 不協和音이 일어나게 마련이다. 흔히 '夫婦有別'을 夫婦差別로 이해하는 사람들이 많다. 하지만 이것은 남편과 아내의 구분을 말한 것이지 차별을 뜻하는 건 결코 아니다. 남편은 남편의 본분에, 아내는 아내의 본분에 충실하면서 서로 조화를 이루어야 함을 강조한 것이다. 그러니까 부부유별은 '부부조화'라는 의미로 이해할 필요가 있다.

在天願作比翼鳥 　하늘에 태어나면 비익조가 되고,
在地願爲連理枝 〈長恨歌〉 땅에 태어나면 연리지가 되리라.

'琴瑟相和'를 이룬 부부들은 서로 붙어야 날 수 있는 比翼鳥와 뿌리가 다른 두 가지가 서로 연결된 連理枝가 되기를 죽어서도 소망할 것이다. 이것이 바로 진정한 '一心同體'라 할 수 있다.

漢字 試驗 對備

1. 다음 漢字의 음과 訓을 쓰시오.

▫傾　　□紊　　□混　　□刷　　□剌　　□諷　　□譽

▫排　　□搜　　□陋　　□郵　　□暗　　□追　　□淑

▫屋　　□挑　　□壞　　□脅　　□害　　□梗　　□轉

2. 다음 漢字의 部數를 쓰시오.

□同 :　　□毒 :　　□務 :　　□共 :　　□平 :　　□故 :　　□委 :

3. 다음 한자의 讀音을 쓰시오.

▫管理(　　)　□就業(　　)　□支援(　　)　□擴大(　　)　□詐欺(　　)

▫提供(　　)　□標準(　　)　□約款(　　)　□配置(　　)　□示範(　　)

▫履修(　　)　□連繫(　　)　□斡旋(　　)　□訓練(　　)　□賦與(　　)

▫曖昧(　　)　□柔軟(　　)　□巧妙(　　)　□歪曲(　　)　□廢止(　　)

▫憤怒(　　)　□慇懃(　　)　□刺戟(　　)　□機會(　　)　□役割(　　)

▫權限(　　)　□尺度(　　)　□閣僚(　　)　□逆轉(　　)　□勘案(　　)

▫軋轢(　　)　□葛藤(　　)　□蹂躪(　　)　□沈滯(　　)　□恐慌(　　)

▫揶揄(　　)　□指摘(　　)　□隔離(　　)　□障碍(　　)　□黎明(　　)

4. 다음의 音과 訓에 해당하는 漢字를 쓰시오.

　① 부를 초　　　② 매울 신　　　③ 방자할 자　　　④ 인연 연　　　⑤ 따를 수

　⑥ 술잔 작　　　⑦ 바랄 망　　　⑧ 모자랄 과　　　⑨ 감출 비　　　⑩ 이을 속

❏ 다음 글을 읽고 물음에 답하시오.

(가) 시민들의 10부제에 관한 誤解(①)는 여기서 그치지 않는다. 열흘에 하루씩 차를 운행하지 않으니 揮發油(②) 값이 **절약❶**된다고 좋아하는 사람이 있는데, 이것 역시 매우 잘못된 생각이다. 이렇게 생각하는 사람이라면 자동차뿐 아니라 모든 것에 10부제를 실시하라고 **요구❷**해야 한다. 예컨대 열흘에 하루를 강제로 굶게 만들면 식비가 10% 절약될 수 있는 이득이 생길 것이기 때문이다. 그럴듯하게 들리지만, 무언가 이상한 논리임에 틀림없다.

(나) 이와 같은 논리에 허점이 있는지 알아내는 것은 그리 어려운 일이 아니다. 揮發油를 5천원어치 사용해 자동차로 어떤 곳에 갔다 오는 사람의 境遇(③)를 생각해보자. 그가 자동차를 사용함으로써 얻는 便益(④)은 분명히 5천원어치보다 클 것이다. 그렇지 않으면 5천원어치의 揮發油를 쓰지 않았을 것이기 때문이다. 예를 들어 10부제로 인해 한 달에 3만원어치의 휘발유를 덜 썼다면, 이것은 3만원어치 이상의 便益이 犧牲(⑤)되었다는 것을 뜻한다. 그렇기 때문에 휘발유 값이 3만원 절약되었다고 좋아할 일이 아니다.

(다) 10부제가 갖는 가장 큰 缺點(⑥)은 그것의 강제성에 있다. 시민의 행동을 **강제❸**로 통제하는 방법이기 때문에 伸縮(⑦)性과 유연성이 缺如될 수밖에 없다. 그렇기 때문에 교통 混雜(⑧)을 억제하려는 목표를 **달성❹**하는 데 그렇게 많은 비용이 드는 것이다. 좀 너 伸縮的이고 유연성 있는 방식을 사용하면 훨씬 더 적은 비용으로 똑같은 混雜 억제 **효과❺**를 거둘 수 있다.

이준구, 『시장과 정부』(다산출판사, 2004)

5. ①~⑧에 해당하는 漢字의 讀音을 쓰시오.

6. ❶~❺의 單語를 漢字로 쓰시오.

7. 윗글의 문단 (나)와 (다)를 참고로 하여 문단 (가)의 주제를 漢字成語로 표현한다면, 가장
   적절한 것을 고르시오.

   ①大義滅親   ②口蜜腹劍   ③朝三暮四   ④伴食宰相   ⑤狐假虎威

❑ 주어진 漢字의 正字와 略字가 **틀리게 짝지어진 것**을 고르시오.

   8. ①竊－窃   ②證－証   ③鳥－烏   ④畵－画   ⑤擔－担
   9. ①尋－沈   ②辭－辞   ③雙－双   ④麵－麺   ⑤賣－売
   10. ①藝－芸   ②舊－旧   ③鑄－铸   ④萬－万   ⑤鬪－鬥
   11. ①與－与   ②爐－炉   ③獨－独   ④盡－尽   ⑤顧－雇
   12. ①價－価   ②擧－举   ③繼－继   ④曠－廣   ⑤對－対

漢字 쓰기

학과(부)	학번	이름	담당교수

葛藤
칡 갈 등나무 등

搜查
찾을 수 조사할 사

紊亂
어지러울 문 어지러울 난

混雜
섞일 혼 섞일 잡

沈滯
가라앉을 침 막힐 체

刷新
쓸 쇄 새로울 신

諷刺
풍자할 풍 찌를 자

顯著
나타날 현 드러날 저

軋轢
삐걱거릴 알 삐걱거릴 력

蹂躪
짓밟을 유 짓밟을 린

漢字 쓰기

학과(부)	학번	이름	담당교수

窈窕
그윽할 요　아름다울 조

挑戰
돋울 조　싸울 전

疏忽
드물 소　문득 홀

破壞
깨뜨릴 파　무너질 괴

境遇
지경 경　만날 우

苛酷
사나울 가　독할 혹

擴散
넓힐 확　흩을 산

督勵
살필 독　힘쓸 려

渴望
목마를 갈　바랄 망

指摘
가리킬 지　가리킬 적

한국인의 보람을 느끼게 하는 과학사

－『한국인의 과학정신』(박성래 저, 평민사, 1993)에 대한 서평

이 책은 네 부분으로 나누어져 있다. 1장과 2장은 한국인의 科學精神을 보여 주는 科學者와 科學 遺産으로서 책의 2/3이상을 차지한다. 3장 동양 과학 전통의 재평가와 4장 과학에 얽힌 이야기는 1, 2장에 들어갈 수 없는 글들을 모은 것이어서 앞서보다는 凝集力이 좀 약한 느낌을 준다.

1장에는 조선 초부터 1950년에 걸치는 과학자 19명이 소개된다. 유순도는 잘 알져지지 않은 세종 때의 과학자이다. 그는 예부터 전해 오는 渴烏橛水之法을 써서 물을 끌어올려 가뭄에 대처하려 했다. 이 시도는 失敗했지만 지금의 사이폰(syphon)과 같은 원리였다는 점에서 중요하다. 같은 시대의 이순지는 天文, 曆法의 책임자로 중국과 아랍의 역법을 우리나라에 맞게 수정한 『七政算』내편과 외편을 완성했다. 『土亭秘訣』을 만든 이지함은 지금은 과학과 거리가 먼 사람으로 보겠지만, 數學的 秩序를 찾아내려는 執念을 가진 상수학의 대가였다.

17세기의 천문학자 박안기는 지은의 가장 큰 발견이다. 나산이란 조선 학자가 일본에 가 역법을 가르쳤는데, 이를 基礎로 해서 만든 일본 최초의 역법 정항력이 1684년 採擇되었다. 박교수는 일본 책들에 나오는 나신이 1643년 朝鮮通信使의 일원으로 일본에 간 박안기임을 確認하고 그 발자취를 밝혀냈다.(중략)

2장에는 한국의 대표적인 과학 유산 15가지가 선을 보인다. 모두 잘 알려진 것들이지만 지은이의 愛着과 메시지는 恪別하다. 천문대냐 아니냐를 둘러싼 격한 논쟁을 일으켰던 瞻星臺에 대한 지은이의 결론은 넓은 뜻의 천문대였다는 折衷的인 것이다. 고려청자에 대해서는 12세기 중국에서 나온 높은 評價가 강조된다.

火藥은 중국의 발명이나 최무선의 자체 개발이라는 사실이 중요하다. 화약이 중세 서양의 騎士時代를 끝내게 한 것처럼 이성계의 건국에 도움을 주었다는 해석이 재미있다. 앙부일구는 한국의 고유한 발명임을 중국이 인정했다는 것을 강조한다. 『七政算』은 동서양 최고의 천문학을 수용해 한국에 맞는 천문 계산법을 만든 것이다. 15세기 중반 日・月蝕을 豫測할 수 있었던 세계

의 세 나라 가운데 한국이 끼였다는 사실을 아는 한국인이 몇이나 될까? 測雨器는 세계에서 처음
으로 한국이 만들었는데 중국의 과학사 책에는 중국의 발명으로 되어 있다. 이러다가는 한국의
모든 발명이 중국에서 온 것이 되리라는 지은이의 慨歎은 呼訴力이 있다.

송상용, 「한국인이 보람을 느끼게 하는 과학사」(『열린 생각 열린 책읽기』, 인디북, 2004)

❋ 한국을 빛낸 첨단 기술

12일 한국공학한림원은 2008년 한국을 빛낸 5개 분야, 24가지 과학 技術 및 산업성과를 선정,
발표했다. 선정된 기술은 電氣電子情報工學 분야에서 LED소자 및 시스템, 스마트폰, Si 박막형
태양전지, 30나노미터급 메모리 기술, 온라인 게임기술, 機械 工學 분야에서 세계 최대 컨테이
너선, LPG 하이브리드 자동차, K2(흑표) 戰車, 大型 常用車用 超低公害 디젤엔진, 韓國型 小型
衛星 發射體(KSLV-1) 등이다. 건설 環境 工學 분야에서는 IT기술을 접목한 과학적인 상수도
관망 관리, 초고층건물 콘크리트 압송기술 및 초유동 콘크리트 생산기술, 장대 해상교량, 하이
패스 기술을, 化學 生命 工學 분야에서는 ○○○ 자함 크림, 수처리용 고분자 분리막 및 침지식
모듈, 개량신약 슬리머, 초임계 유체 추출 기술, 고분자 합성고무 종합기술을 선정했다. 材料
資源 工學 분야에서는 도시 광석으로부터의 유가금속 회수 기술, 고효율 MgB2 초전도선재 제조
기술, 풍력발전기의 주요 부품 및 소재, 초고감도 가스센서 기술, 수직수평온도구배법을 이용한
사파이어 단결정 개발 기술을 선정했다. 윤종용 공학한림원 회장(○○전자 상임고문)은 "70년대
오일쇼크를 통해 에너지 기술자립의 토대가 마련됐고, IMF 위기를 통해 IT산업이 발전했으며,
최근 금융 위기를 통해 새로운 패러다임의 기술이 도래하고 있다"고 말했다. "이 같은 狀況 속에
서 공학한림원이 선정한 5개 분야 24가지 기술은 뛰어난 과학기술 성과로, 현재 危機 속에서
機會를 提供하는 礎石이 될 것"이라고 말했다. 工學 分野 碩學들과 산업계 CEO를 회원으로 하고
있는 공학한림원은 2008년도 과학기술 분야에서 卓越한 기술력으로 높은 성과를 이룬 기술들을
發掘하기 위해 電氣電子情報工學, 機械工學, 建設環境工學, 化學生命工學, 材料資源工學 분야
회원 및 關聯機關으로부터 優秀 기술들을 追薦받았다. 그리고 추천 내용을 토대로 2009년 1월부
터 4월까지 논의를 거쳐 2008년을 빛낸 24가지 기술을 선정했다. 선정 기준은 기술의 창조성과

독자성, 채용된 제품의 시장 寄與度, 그리고 사회적 파급효과와 기여도 등을 고려했다고 밝혔다. 선정 내용은 최근 발간한 '2008년도 분야별 과학기술 및 산업성과' 보고서에 揭載했다. 공학한림원은 과학기술자 간의 최신 기술과 산업동향을 공유하고, 국민들에게 과학기술의 중요성을 알리기 위해 관련 보고서를 매년 발간하고 있다.

〈사이언스타임즈〉

☀ 과학의 두 측면

– 존 캠벨(John Wood Campbell), 'The Two Aspects of Science' 에서

과학에는 두 가지 형태 또는 側面이 있다. 먼저 과학은 유용하고 실용적인 지식이자, 그것을 獲得하는 방법이다. 전생 시에는 파괴를 위해 큰 역할을 담당하고 또–주장되는 바–평화 시에는 이를 恩惠롭게 복구하는 데 그만큼 큰 역할을 하는 것이 이 형태의 과학이다. 그것은 선을 위해서도, 혹은 악을 위해서도 봉사할 수 있다. 응용과학은 화학전을 가능하게 하는 한편, 동시에 그러한 恐怖에 대응하는 수단이 되기도 했다. 만약 그것이 산업혁명이 가져온 해악에 대해 커다란 책임을 져야 한다면, 우리의 물질적 욕구를 충적시키는 데 필요한 노동과 시간의 비용을 減少시킴으로써 이미 많은 해악을 治癒했다. 그 두 번째 형태 혹은 측면에서 과학은 실천적인 생활과 관련이 없다. 그것은 가장 간접적인 방식 외에는 좋은 쪽으로나 나쁜 쪽으로나 실생활에 영향을 미치지 않는다. 이러한 형태의 과학은 純粹하게 지적인 探究이다. 그것은 기술보다는 繪畫나 彫刻, 혹은 문학 쪽에 더 가깝다. 그것의 목표는 육체의 요구를 만족시키는 것이 아니라 마음의 요구를 만족시키는 것이다. 그것은 인류의 사심없는 호기심 외에 어디에도 呼訴하지 않는다. 응용과학과 순수과학이라는 이 두 형태는 아마도 모든 사람에게 친근할 것이다. 왜냐하면 이들의 필요성은 대중의 관심을 끄는 媒體에 활자화되기 때문이다. 때때로 이에 종사하는 사람들은 서로 反駁하기도 한다. 純粹科學을 전공하는 학생들은 과학의 실용적 가치를 固執하는 사람들의 삶의 고상한 문제들에 눈감은 卑賤한 물질주의자라고 비난한다. 그들의 차례가 오면, 그들은 세계의 실제적 요구에 무지한 姑息적이고 비실제적인 夢想家들이라고 비난받는다. 과학의 그 두 형태가 진정으로 양립할 수 없다면, 양쪽 모두는 강력한 주장을 제시할 수 있다. 어떤 의미에서 지적 관심이 물질적 관심보다 더 높고 고상하다는 것을 부정할 사람은 거의 없다. 왜냐하면 우리가 동물과 다른 점은 지적 관심을 소유한다는 데 있기 때문이다. 사실 인간이 물질적 관심에

마음을 쓰고, 추위나 飢餓의 고통으로부터 자유에 지나지 않는 어떤 것을 獲得하려고 애쓰는 이유는 영혼을 가꾸기 위한 餘暇와 근심으로부터 자유로워지고 싶기 때문이라고 주장될 수도 있다.

조중걸, 『열정적 고전읽기-과학』(프로시네스, 2006)

한자와 이야기

　인류 문명 발전에 기여한 과학적 발명품으로 흔히 火藥·羅針盤·印刷術－또는 종이의 발명－ 등을 꼽는다. 建築學 분야에서 기초 없이 50층 이상의 건물을 지을 수 있다고 주장한 이종호 박사는 한국에도 인류 문명에 공헌한 위대한 발명품이 많으며, 이 중 대표적인 7가지를 선정하여 『한국의 7대 불가사의』라는 책으로 소개한 적이 있다. 이 책에 따르면, 고인돌 별자리·新羅의 黃金 寶劍·多鈕細紋鏡(다뉴세문경)·高句麗의 鎧馬武士·無垢淨光大陀羅尼經·高麗 水軍의 艦砲·訓民正音, 이렇게 7가지를 7대 불가사의로 선정했다. 이 책의 내용을 〈뉴시스〉(2007.03.21)에서는 "당대의 지식과 기술 수준으로는 제작이 불가능했을 이들 7가지 유산의 진면목을 역사, 과학, 문헌적 근거를 바탕으로 밝힌 책이다."이라 소개하였는데, 그 내용을 간략하게 살펴보기로 하자.

　"세계 최초의 石刻 天文圖인 天象列次分野之圖와 高句麗 古墳壁畵로 이어지는 고대 천문학 발달 과정을 통해 기원전 3000년께부터 이어진 선조의 天文 觀測과 記錄 過程을 확인할 수 있다. 新羅의 黃金 寶劍은 금 알갱이와 옥으로 象嵌한 정교하고 화려한 寶劍이다. 동아시아의 唯一無二한 유물이다. 이 칼을 통해 약 7000㎞ 떨어진 트라키아 지방에서 만든 보검이 어떤 경로로 경주의 대릉원에 묻힌 사람에게 전해졌는지, 그 무렵 동유럽과 신라는 어떤 관계였는지 把握 可能하다. 다뉴세문경은 기원전 4세기께 만든 지름 21㎝의 청동 거울이다. 그 안에 0.3㎜ 간격으로 가는 선 1만3000개를 幾何學的 規則性을 고려해 華麗하게 새겨 넣었다. 擴大鏡과 精密한 제도 기구를 갖춘 현대의 鑄造기술로도 만들기 어렵다. 우수한 우리나라 청동기 문명의 證據다. 고구려의 개마무사는 말과 기사 모두 강철로 된 갑옷으로 무장한 채 敵陣을 突破, 隊形을 破壞했다. 고구려기 최강의 전투력을 보유하고 한민족 사상 가장 廣大한 領土를 영유하게 만든 철기 문명 수준과 이를 가능케 한 고구려의 경제력이 엿보인다. 무구정광대다라니경은 현존하는 가장 오래된 목판 인쇄물이다. 판목 전체에 글자를 새기고 종이를 얹어 인쇄한 본격적인 의미의 목판 인쇄물이며 彫刻 技術 또한 매우 精巧하다. 목판 인쇄술에 이어 세계 처초로 목활자, 金屬活字를 발명한 조상이 어떤 방식으로 인쇄 기술을 축적했는지, 좋은 보기다. 船舶에 裝着된 高麗 水軍의 艦砲는 왜구를 상대한 진포해전과 대마도 정벌에서 엄청난 위력을 발휘했다. 진포해전은 세계 최초의 함포 해전이다. 서양 근대 함포 해전의 효시인 레판토 해전보다 190년이나 앞섰다. 최무선이 개발한 화약 무기와 뛰어난 함포 전술이 어떻게 전승됐는지 드러난다. 訓民正音은 창제자와 창제일, 창제 동기가 뚜렷하다는 점에서 세계적으로 유례를 찾아볼 수 없는 위대한 문자다. 1997년 유네스코 세계기록유산에 登載됐다. 세종대왕은 이토록 과학적, 합리적인 28개의 문자 체계를 어떻게 만들어냈는지,『한단고기』가 전하는 가림토와 일본의 신대문자가 훈민정음과 무슨 연관이 있는지도 알 수 있다.”

한자성어

橘化爲枳

淮南의 굴을 옮겨 淮北에 심으면 탱자가 된다는 뜻으로, 환경이 변하면 사람의 성품이나 사물의 성질이 변함을 뜻한다. 이 故事成語는 春秋時代 齊나라의 명재상 晏嬰(B.C ?~500)과 관련이 있다. 晏嬰이 활동하던 시대는 楚나라가 강대국이었는데, 晏嬰이 楚나라에 使臣으로 가서 영왕을 알현하게 되었다. 그러자 楚에서는 처음부터 晏嬰을 망신주려고 여러 꾀를 짜 내었는데, 그 중에는 손님을 개구멍으로 들어가게 하는 것도 있었다. 또 한 죄수가 지나가자 어느 나라 사람이냐고 물었다. 그 죄수가 齊나라 사람이라고 대답하자 "齊나라 사람은 모두 도적질이나 일삼는 무리들인가?"라고 핀잔을 주었다. 그러자 晏嬰은 "淮南은 굴이 달고 맛있지만, 이를 淮北으로 옮겨 심으면 탱자가 되니, 바로 토질과 기후 때문입니다. 우리나라 사람은 원래 순박한데, 楚나라에 와서 도둑이 되었으니 이 또한 초나라의 기후와 토질 때문이 아니겠습니까?"라고 대답하였다. 그러자 주위 사람들이 晏嬰에게 사과하고 공손하게 맞이했다고 한다.

杞人之憂

杞나라 사람들의 근심이란 말로, 전혀 쓸데없는 걱정과 근심을 하는 사람을 가리킨다. 『列子』에 이 杞나라 사람에 대한 일화가 수록되어 있다. 이 일화는 고대인들의 우주관이나 천문·과학적 지식을 엿볼 수 있을 뿐만 아니라, 현재를 살아가는 우리들에게도 示唆하는 바가 많다.

杞나라의 어떤 사람이 천지가 무너질까 근심하였다. 그의 근심을 걱정하는 사람이 "하늘은 氣가 쌓인 것일 따름이어서 하늘 가운데에 움직이며 呼吸하더라도 어찌 무너지겠는가?"라고 하였다. 전자가 말하기를 "하늘이 氣가 쌓인 것이라면 해와 달과 별은 떨어지지 아니하는가?"라고 하니, 후자가 말하기를 "해와 달과 별은 氣가 쌓인 것 중에 빛을 내는 것이다. 떨어지더라도 사람을 해치지는 않는다."라고 하였다. 전자가 말하기를 "땅이 무너지지 않을까?" 후자가 말하기를

"땅은 덩이가 쌓인 것일 따름이며 사방에 꽉 차있어서 땅 위에서 밟고 걷더라도 어찌 무너지겠는가?"라고 하였다.

　長盧子가 그 말을 듣고 비웃기를 "무지개·구름·비바람·사계절은 氣가 쌓여 하늘을 이룬 것이고, 山岳·河海·金石·火木은 형체가 있는 것이 쌓여서 땅을 이룬 것이다. 氣가 쌓이고 덩이가 쌓인 줄 안다면 어찌 무너지지 않는다고 말하는가? 천지는 텅 빈 가운데의 한 미세한 것으로서 중심이 있는 가장 큰 것이다. 궁리할 수 없고 헤아릴 수 없는 것은 원래 그러한 것이다. 무너질까 근심하는 사람은 너무 오활하지만, 무너지지 않을 것이라고 말하는 사람 또한 옳지 않다. 천지가 不得不 무너진다면 다함께 무너지게 될 것인데 그때 어찌 근심하지 않겠는가?"라고 하였다. 子列子가 듣고서 웃으며 말하기를 "천지가 무너진다고 말하는 사람도 그르고, 천지가 무너지지 않는다고 말하는 사람도 그르다. 무너지든 안 무너지든 우리는 알 수 없는 것이다. 그러나 무너짐도 한가지며 무너지지 않음도 한가지다. 그러므로 삶에 죽음을 알 수 없고, 죽음에 삶을 알 수 없다. 옴에 감을 알 수 없고 감에 옴을 알 수 없다. 무너지든 안 무너지든 우리가 상관할 바 아니다."고 하였다.

생활 속의 한자

濫觴

원래 濫觴이란 술잔에 넘칠 정도의 아주 적은 양의 물이란 뜻으로 여기서 사물의 근원이나 일의 시작이란 의미가 파생된 것이다. 이런 용례는 『荀子』에 잘 나타나 있다.

昔者江出於岷山, 其始出也, 其源可以濫觴
(예로부터 양자강은 민산에서 발원했는데 처음에 나왔을 때 그 근원은 술잔에 넘칠 정도의 물이었다.)

揚子江과 같은 長江도 그 근원은 적은 양의 물에서 시작되었다. 그만큼 무슨 일이든지 시작이 중요하다는 말이다. 시작이 반이라고 하지 않았던가. 시작이 제대로 되지 않으면 뜻하는 성과를 이루어낼 수 없다.

嚆矢라는 말도 남상과 비슷한 뜻으로 쓰인다. 원래 효시는 소리나는 화살이다. 예전에 전쟁을 할때 상대편 진영에 이 소리나는 화살을 쏘아 공격 개시의 신호로 삼았다고 한다. 상대와 싸우면서도 기습을 감행하지 않고 미리 공격을 알린 옛사람들의 신사적인 태도가 물씬 배여있는 말이다. 이로부터 효시도 또한 사물의 시작을 뜻하는 말로 쓰이게 된 것이다.

正鵠

正鵠에서의 正은 과녁 한가운데 지점을 나타내는 글자로 쓰인다. 鵠도 이와 마찬가지이다. 그런데 이 둘을 굳이 구분하사면 正은 베로 만든 과녁이고 鵠은 가죽으로 만든 과녁이라고 할 수 있다. 한편, 正鵠은 새의 이름이기도 하다. 正은 올빼미과에 속하는 새이고 鵠은 고니다. 이 두 새는 몸집이 작고 매우 민첩해서 활을 쏘아 잡기 어려운 새라고 한다. 그래서 이 새의 형상을 그려 과녁에 부쳤던 것이다. 그러니까 정곡은 약식빠른 새의 모습이 그려진 과녁의 한가운데라

는 뜻이다. 여기서 그 의미가 파생되어 정곡은 사물의 중요부분이나 핵심을 가리키는 말로도
쓰인다.

子曰, 失諸正鵠, 反求諸其身 『論語』
(공자께서 말씀하시기를, 정곡을 잃으면 자기 몸에서 돌이켜 찾아야 하느니라.)

한자 성어 놀이

1. 다음 빈 칸에 적절한 한자를 넣어 한자성어를 완성하시오.

指鹿爲□ ➜ □耳東□ ➜ □前燈□,

街談巷□ ➜ □往說□ ➜ □者不□

2. 다음 한자성어의 빈칸에 들어갈 숫자를 합하면 모두 얼마인가?

□匙□飯,　□載□遇,　□年偕老,　□年河淸,　□瀉□里,

□牛□毛,　□面楚歌,　□顧草廬,　□字□金,　朝□暮□,

□人成虎,　□刻□秋,　□態□象,　□擧兩得

3. 보기를 참고로 하여 다음 퍼즐의 빈칸에 적당한 한자 성어를 넣으시오.

〈가로열쇠〉 1.『맹자』에 나오는 말로 똑 같이 잘못이라는 뜻. 50걸음 100걸음.　4. 처음 보는 사람.　6. 남자는 지고 여자는 이고.　8. 호랑이는 제 자식은 잡아먹지 않음.　9. 따끔한 충고나 교훈.　10. 먼지를 일으키며 다시 옴.　11. 방비가 매우 튼튼한 城.　13. 금쪽같은 내 자식.　14. 契酒로 생색을 냄.　16. 소 잃고 외양간 고치기.　17. 요즘은 매우 보기 어려운 모습. 밤낮으로 열심히 공부함.　19. 갈피를 잡지 못함, 안개 때문에.　21. 송곳 끝.　23. (넌센스)신싸 못생긴 사람 둘이 사귈 때.　24. 큰 그릇은 늦게　26. 30일 동안 9끼 먹다.(다이어트엔 최고)　28. 龍頭蛇尾와 같은 말.　31. 가혹한 정치는 호랑이보다~　32. 魚자와 魯자를 분간하지 못함.　34.『中庸』誠이 없으면 物도 없다.　36. (넌센스)묻지도 따지지도~　38. 로마에 가면 로마법을 따라라. 타향에 가면 타향의 풍속을 따라라.　40. (넌센스)준비물 : 양초, 성냥, 부채. 이것으로 무슨 놀이를 할 수 있을까요?

〈세로열쇠〉 2. 열 숟가락이 모이면 밥 한 그릇.   3. 창백한 얼굴의 지식인, 글이나 알지 세상일은 도통 모르는 사람.   5. 원수지간. 한 하늘 아래서는 살 수 없는.   7. 호랑이보다 무서운 세금, 탐관오리들.   11. 금이나 옥처럼 귀하게 여김.   12. 향락, 또는 향락에 빠짐.   13. 절친한 우정, 난초 향기.   15. 차라리 죽는 게~   17. 속어 '주구장창'의 옳은 표기.   18. 다섯 수레의 책은 읽어야.   20. 워낙 재주가 뛰어나서 자기 자랑을 함.   22. 제 멋대로.   24. ○○○○보다는 실리가 우선이라는 사람들이 많다.   25. 『論語』 군자는 한 가지 재주나 일에 국한되지 않음.   27. 양(羊)의 내장기관.   29. 개꼬리로 담비꼬리를 잇다.   30. 우물가에서 숭늉 찾기.   33. 모르면 어린애에게도 물어야 돼.   35. 콩과 보리를 구별하지 못함.   36. 밤낮을 가리지 않고.   37. 요점만 말하자면~   39. 계승해야할 좋은 전통.   41. 가까이 있는 것을 잘 모르는 경우.   42. 불을 보듯~

漢字 試驗 對備

1. 다음 漢字의 音과 訓을 쓰시오.

▫談　　□衛　　□症　　□候　　□誕　　□械　　□球

▫電　　□陸　　□霧　　□纖　　□競　　□偏　　□算

▫速　　□旣　　□裝　　□報　　□網　　□露　　□震

2. 다음 漢字의 部數를 쓰시오.

▫央 :　　□祭 :　　□公 :　　□歸 :　　□叛 :　　□北 :　　□夜 :

3. 다음 漢字의 讀音을 쓰시오.

▫超越(　　)　□忌避(　　)　□牽引(　　)　□蔓延(　　)　□液晶(　　)

▫沙漠(　　)　□胃癌(　　)　□斜線(　　)　□融解(　　)　□洞察(　　)

▫構築(　　)　□熱望(　　)　□染色(　　)　□胚芽(　　)　□細胞(　　)

▫媒體(　　)　□反駁(　　)　□卑賤(　　)　□飢餓(　　)　□餘暇(　　)

▫技術(　　)　□機械(　　)　□衛星(　　)　□環境(　　)　□材料(　　)

▫狀況(　　)　□提供(　　)　□礎石(　　)　□碩學(　　)　□薦擧(　　)

▫發掘(　　)　□優秀(　　)　□抽象(　　)　□寄與(　　)　□揭載(　　)

4. 다음의 音과 訓에 해당하는 漢字를 쓰시오.

①받들 봉　　②바탕 질　　③우레 뢰　　④벌레먹을 식　　⑤기억할 억

⑥서리 상　　⑦숨길 닉　　⑧무딜 둔　　⑨따뜻할 난　　⑩인식할 인

❏ 다음 글을 읽고 물음에 답하시오.

21세기 들어서 미래학자들은 2차 IT혁명, 친환경·신재생에너지 산업, 바이오 기술 등의 急速(①)한 발달이 과학기술의 메가트렌드로 작용할 것으로 豫測(②)하고 있다. 이러한 변화에는 이를 강력하게 견인할 물적 토대(기술 인프라)의 변화도 隨伴(③)하기 마련이다. 산업혁명 이후 세계 경기의 변동 주기를 설명하고 있는 20세기 경제학의 대가 '콘트라티에프'의 주장을 찬찬히 살펴보면 각 주기마다 건설, 철도, 製鐵(④), 전기, 화학, 자동차, 전자 등과 관련한 산업 혁신과 이에 따른 신기술·신산업 창출이 順次(⑤)적으로 진행돼 왔음을 알 수 있다. 그렇다면 향후 미래사회의 물적 토대를 결정하는 것은 무엇일까? 지금까지 인류는 자연계에 존재하는 물질들을 활용해 문명을 발달시켜 왔다. 즉, 석기, 청동기, 철기, 폴리머, 실리콘 등은 문명사를 구분하는 기본 물질이자 도구였으며, 각각의 고유한 특성은 관련 산업 발달에 지대한 영향을 미쳤다. 하지만 이제 인류는 주어진 물질을 활용하는 한계를 벗어나 보다 근본적인 욕구를 갖게 됐다. 경제사회가 복잡해지면서 다양한 수요가 생겨나고, 자원의 보다 **효율❶**적인 활용이 절실해졌으며, 기존 방법으로는 해결하지 못하는 과학기술적 문제가 持續(⑥)적으로 발생하고 있기 때문이다. 나노기술은 바로 이러한 인류의 욕구를 근본적으로 충족시켜줄 새로운 기술이다. 나노기술은 물질의 최소 단위인 원자·분자 스케일에서의 制御(⑦)와 조작을 가능하게 함으로써 물질의 효율적 활용, 더 나아가 새로운 特性(⑧)을 활용할 수 있게 한다. 예를 들어 **탄소❷**는 자연계 상태에서 숯, 흑연, 다이아몬드 형태로만 존재하지만, 나노기술을 이용해 탄소의 분자 **구조❸**를 나노튜브 형태로 바꿀 경우, 흑연이나 다이아몬드와는 전혀 다른 물성이 나타나게 할 수 있다. 이렇게 만든 탄소나노튜브는 강철보다 100배 강한 **인장❹** 강도, 구리보다 높은 전도성, 다이아몬드보다 높은 열전도도 등을 가져 각종 복합 소재나 디바이스 제조에서 급진적 **혁신❺**을 가져올 수 있다. 또한 탄소나노튜브의 구조를 어떻게 바꾸느냐에 따라 ㉮**도체, 반도체, 부도체**의 특성을 자유자재로 조절할 수 있어 기존 물질의 한계를 뛰어넘을 수 있다. 〈사이언스타임즈〉

5. ①~⑧에 해당하는 한자의 독음을 쓰시오.

6. 밑줄 친 ❶~❺의 단어를 한자로 쓰시오.

7. 윗글의 밑줄 친 ㉮를 한자로 표기할 때 올바른 것을 고르시오.

①道體, 半道體, 夫道體　　　②導體, 半導體, 不導體

③道體, 伴道體, 不道體　　　④導體, 伴道體, 不導體　　　⑤屠體, 半屠體, 不屠體

❑ 다음 ( )에 들어갈 적절한 漢字를 써서 漢字成語를 완성하시오

8.刻舟求(　　)　　9.拔本(　　)源　　10.同價紅(　　)　　11.(　　)官汚吏

12.(　　)字憂患　　13.切齒(　　)心　　14.(　　)和雷同　　15.(　　)下不明

❑ 다음 ( )에 訓이 같은 漢字를 써서 단어를 완성하시오.

16.(　　)任　　17.(　　)慮　　18.(　　)目　　19.(　　)革　　20.(　　)客

❑ 다음에 주어진 漢字를 俗字로 쓰시오.

21.廳 → (　　)　　22.點 → (　　)　　23.屬 → (　　)　　24.舊 → (　　)

漢字 쓰기

학과(부)	학번	이름	담당교수

細胞
가늘 세 　 배 포

胚芽
아이 밸 배 　 싹 아

雰圍氣
안개 분 　 두를 위 　 기운 기

超越
넘을 초 　 넘을 월

衛星
지킬 위 　 별 성

纖維
가늘 섬 　 비단 유

忌避
꺼릴 기 　 피할 피

蔓延
덩쿨 만 　 늘일 연

液晶
물 액 　 수정 정

斜線
비낄 사 　 줄 선

漢字 쓰기

학과(부)	학번	이름	담당교수

融解				

녹을 융 풀 해

溫暖				

따뜻할 온 따뜻할 난

洞察				

꿰뚫을 통 살필 찰

匿名				

숨길 익 이름 명

情報				

뜻 정 알릴 보

電氣				

번개 전 기운 기

惹起				

이끌 야 일어날 기

役割				

부릴 역 나눌 할

技術				

재주 기 재주 술

牽引				

끌 견 당길 인

圓嶠書訣

　글씨를 배우려는 자는 모름지기 王右軍[王羲之]이 글씨를 배우던 법을 따라야 한다. 먼저 여러 碑文의 法帖을 학습해야 하는데, 여러 비문의 법첩을 학습하려면 먼저 그 優劣을 알아야 공부하는 데에 잘못됨이 없을 것이다. 내가 젊었을 때에 남의 집에서 岣嶁碑 법첩을 보았으나 한 번도 臨書해 보지는 못하였고, 筆力을 얻은 것은 오직 石鼓文 법첩을 얻은 데에 있었다. 繹山碑 법첩은 비록 가짜이나 모나고 굳세어서 唐 나라 이전에 나온 것 같은데 역시 매우 도움이 되었다. 李陽氷의 글씨로는 다만 三墳의 법첩을 보았을 뿐인데 유연하고 거칠어서 筋骨이 전혀 없었다. 秦始皇 때에는 문서가 매우 번거로워 篆書로 쓰기가 곤란하므로 隷書가 나왔던 것인데 三墳은 쓰는 속도가 隷書보다 빠르니 올바른 필법이 아니며 이양빙의 글씨가 아님을 알 수 있겠다. 徐鉉이 쓴 說文에 이르러서는 필력이 연하고 뒤떨어져서 논할 것도 없다. 우리나라에는 일찍 전해 오는 隷書가 없었고 다만 당나라 玄宗의 孝經과 泰山碑 법첩이 있을 뿐이었는데, 필력이 鈍하고 俗되어서 볼 만한 것이 못 되었다. 30년 전에 成仲 金光遂가 옛 것을 좋아하는 버릇이 있어 처음으로 漢·魏의 여러 비문의 법첩을 구입하였다. 그 중에 禮器와 受禪이 가장 좋았으며, 勸進은 수선과 한 솜씨에서 나왔으나 약간 둔하고 모자라다. 후인이 멋대로 손을 댔기 때문인 듯하다. 孔羨의 글씨는 굳세어서 수선과 같았으며, 史晨은 뛰어나고 아름다워서 사랑스러웠으며, 郙陽은 巧妙하나 속된 데에 가깝고, 孔彪는 매우 아름다웠으나 毀損되어 남아 있는 것이 적다. 孔和의 필법은 중국 사람이 禮器와 같이 꼽는데, 거칠고 속되어 예기에 훨씬 미치지 못하지만 획이 역시 佳作이라고 할 수 있다. 孔宙는 筆劃이 古雅하여 굳셈이 모자랐으나 공화와 比等하였다. 대개 예기와 수선 등은 매우 複雜하고 難解하였으나, 획이 굳세고 힘차서 특별히 뛰어났으며, 공주와 공화는 획이 약간 평펴하고 늘어져서 필력이 적어 古雅한 맛이 모자란다. 夏君·衡方 두 碑文의 법첩은 뛰어나게 아름다워서 마땅히 수선 다음이 될 것이나 나는 한 번 보았을 뿐 미처 臨模하지는 못하였다. 郭泰의 비문 법첩은 획이 모두 散漫하고 짜임새도 허름하여 근세에 모양만 딴 僞作이다. 또 잘 알지 못하 것은 八分 글씨인데, 세상에 전해 오는 것이 없고 다만 夏承의 비문 법첩이 있으나 둔하고 연약해서 그다지 아름답지 못하니 역시 가짜임을 의심할 것이 없다. 李肯翊, 『燃藜室記述』, 〈書畫家〉

✴ 퓨전과 國樂의 만남

　國樂은 잘 빚은 술과 같다. 보기에도 맛깔나고, 조금 접하면 달착지근하고, 깊이 빠지면 그 얼큰한 맛에서 헤어나기 어렵다. 국악 가사엔 우리의 恨과 興이 담겨 있고, 가락은 우리의 脈搏과 함께하기 때문이다. 지난 주말 서울에선 과거엔 좀처럼 볼 수 없었던, 화끈한 두 국악 舞臺가 열렸다. 하나는 5일 저녁 세종문화회관에서 열린 '건국 60주년 기념 국악대잔치—신(新) 뺑파전'이고, 또 하나는 남산국악당에서 6일 오후 6시부터 24시간 동안 진행된 '밤도 낮도 들썩들썩, 논스톱 콘서트'이다. 두 공연장은 빈자리가 많아 출연자나 觀客이나 모두 憫憫하던 평소의 국악 舞臺 客席과는 아주 딴판이었다. 3000여석이나 되는 세종문화회관과 330석인 남산국악당은 超滿員이었다. 觀客도 초등학생을 포함한 가족 단위에서 청년, 중장년, 아주머니, 鬚髯 덥수룩한 노인까지 男女老少가 따로 없었다. '신 뺑파전'에는 강원 양양에서 온 관객이 紹介됐는가 하면, 국악방송이 인터넷으로 24시간 생중계한 '논스톱 콘서트'에는 대전·전주·대구는 물론 멀리 제주도에서 KTX와 비행기를 타고 온 관객도 있었다.

　도대체 이들 두 국악 公演에 사람이 이렇게 많이 모인 秘訣은 뭘까. 먼저, '신 뺑파전'. 판소리 '沈淸傳' 중에서 '뺑덕어멈'을 주인공으로 시대를 諷刺한 '신 뺑파전'은 그야말로 내용 破壞, 格式 破壞, 出演陣 破壞였다. 기본인 판소리와 民謠를 위시해 트로트, 비보이, 어린이 律動팀까지 등장해 흥겨움을 더했다. 출연진에는 성창순·송순섭·신영희·이춘희·정옥향 名唱에서 국립창극단의 김학용·허종열·박애리 단원, 갓 판소리계에 입문한 김도영, 인사동 음식점 '이조' 주인까지 나와 제 役割을 다했고, 가수 태진아가 특별출연해 볼거리와 들을 거리를 제공했다. 다음은 '논스톱 국악 콘서트'. 그야말로 前無後無한 역사적 사건이었다. 특히 오후 6시부터 6시간 동안 진행된 1부 '판소리 餘裕 滿喫'에는 한창 물이 오른 차세대 명창 채수정·임현빈·남상일·박애리·이자람이 나와 '흥보가'를 비롯한 전통 판소리 다섯 바탕과 창작 판소리, 短歌 등 재능과 끼를 맘껏 發散했다. 특히 남상일과 이자람은 저마다 '귀명창'인 관객들의 요청으로 창작 판소리 '노총각 거시기'와 '판소리 브레히트 사천가'를 불러 起立拍手까지 받는 진풍경을 연출했다. 제2의 안숙선으로 불리는 박애리는 '신 뺑파전'에 이어 이틀 연속 무대에 서는 底力을 보여줬다. 이어 벌어진 '퓨전국악 熱氣 充滿'과 '正樂 淸淨 純粹', '散調 風流 三昧' 무대도 熱氣가 계속 이어져 국악 콘서트는 날밤을 꼬박 새웠다. 〈세계일보〉

✳ 따뜻한 石塔

몇 해 전, 아내와 함께 로마와 그리스에 갔을 때다. 神殿에 들어갔을 때, 그 神殿이 紀元前 2000년에 建築된 것이라는 안내원의 설명에, 나는 입을 딱 벌리고 感歎한 적이 있다. 그 후, 우리 내외는 우리 선조들이 남기고 간 문화 遺産을 모조리 찾아보겠다는 생각으로, 日曜日이면 배낭을 짊어지고 국보 巡禮를 시작했다. 많은 國寶와 보물을 찾아본 뒤부터 나는 새로운 사실 한 가지를 발견하게 되었다. 처음에는 그저 오래 된 石塔이구나 하고 寫眞이나 찍었는데, 어느 때부터인가, 石塔을 만져 보면 무엇인가 따뜻한 온기를 느끼기 시작했다. 몇 년 동안 巡禮하는 사이에, 석불과 石塔 등을 彫刻하고 세웠던 그 옛날 석공들의 體溫이 전해져 석탑이 따뜻하게 느껴지는 것이리라. 유명한 國寶건, 별로 유명하지 않은 寶物이건, 또는 길가에 서 있는 장승이건 간에 내 가슴을 파고드는 血肉의 情 같은 것이 있었다. 나는 그것이 핏속을 흘러온 낯익음이라고 생각했다. 민족적인 紐帶感이나 사랑도 사실 이 낯익음이라고 생각했다. 그런데 낯익음 속에서도 시대적인 차이는 눈에 뜨인다. 石窟庵의 本尊佛도, 恩津의 관촉사 石造彌勒菩薩 立像도 외국에 내놓으면 모두 한국 佛像이라는 평을 듣겠지만, 신라 석불과 고려 석불의 差異는 확실히 드러난다. 크게 보면, 낯익음 속에서도 시대가 따로 숨 쉬고 있는 것이다. 모르는 사이에 우리도 앞으로 남길 우리 시대의 모습을 만들고 있는 것이리라. (중략) 옛말에, 그 민족의 과거를 알려면 博物館이나 國寶를 찾으면 되고, 그 민족의 현재를 알려면 市場에 나가 보면 되고, 그 민족의 장래를 점쳐 보고 싶으면 학교나 도서관을 가보면 된다고 했다. 그래서인지, 한국을 찾아오는 외국 觀光客 중에는 百貨店보다 東大門市場이나 南大門市場을 觀光하는 사람이 늘어 간다고 한다. 외국인이 우리의 과거와 현재에서, 그리고 미래에 대하여 느끼는 것은 무엇일까? 황혼녘에 彌勒山을 내려오면서, 나는 잠시 훤히 트인 넓은 들판을 바라보며 생각에 잠겼다. 최신해

한자와 이야기

    중국에서는 지식인들이 政府나 體制에 順應하지 않을 경우 흔히 '文字獄'이라고 하여 지식인들이 쓴 글의 내용이나 일부 글자를 트집잡아 글쓴이의 생명을 앗아가고, 그것으로 言路를 차단하여 恐怖 분위기를 助長하곤 했다. 明나라의 始祖 朱元璋 또한 不遇한 어린 시절 때문에 자신의 出身에 대하여 심한 콤플렉스를 가지고 있었다. 그는 批判意識이 강한 지식인들이 巧妙한 방법으로 자신을 非難할지 모른다는 强迫觀念에 늘 사로잡혀 있었는데, 그로 말미암아 엉뚱한 글자를 꼬투리로 삼아 생명을 앗아가는 일이 非一非再하였다.

    한 번은 朱元璋이 한 때 자신과 같은 절에서 생활한 적이 있는 스님 한 사람을 궁궐로 초대하여 別味를 대접하였다. 그 스님은 기쁘고 惶悚한 나머지 그 기분을 詩로 써서 皇帝에게 올렸다. 그런데 그 시를 본 皇帝 朱元璋은 신하에게 명하여 그 스님을 處刑하게 하였다.

    스님의 시에 "金盤蘇合來殊域"이라는 구절이 있었는데, 이 중 '殊' 자가 문제였다. '金盤'은 '금으로 만든 쟁반'이고, '蘇合'은 特異한 香料의 일종이다. '來'는 '왔다.'는 말이고, '殊域'은 '다른 지역', 곧 '타국'의 뜻이다. 그러므로 "금 쟁반에 담긴 소합향은 멀리 외국에서 온 것일세."라는 뜻의 "金盤蘇合來殊域"은 금 쟁반을 쓰는 궁정의 華麗함과 먼 외국에서도 貢物을 바쳐오는 明나라 國勢의 旺盛함을 讚美한 것이니, 전혀 문제가 될 것이 없다. 오히려 朱元璋을 稱頌하는 의미가 더 강한 것이다.

    그러나 콤플렉스가 깊고 의심이 많은 朱元璋은 그 '殊' 자가 '죽음'이라는 뜻을 가진 '알(歹)'자와 '붉을 주(朱)'자가 결합된 것이라는 점을 꼬투리로 삼았다. '주(朱)'는 황제인 주원장의 姓이므로 주원장 자신 또는 그가 세운 명나라를 지칭하는 것이라고 보았고, 여기에 '죽음' 또한 '나쁘다'라는 '알(歹)' 자의 뜻을 합쳤다. 주원장은 그 스님이 쓴 '수(殊)' 자를 꼬투리로 삼아 황제인 자신과 자신이 세운 명나라를 저주한 것이라고 捏造한 것이었다. 절대 강자의 콤플렉스가 얼마나 무서울 수 있는지 斟酌할 만하다.

팽철호, 『한자놀이』(글누림, 2006)

<table><tr><td>참고</td><td>**한자의 기초(3) – 한자 자형의 변천**</td></tr></table>

한자의 기원에 대한 정확한 설은 없다. 그러나 중국의 전설에 黃帝(중국 고대 전설상의 인물)가 통치하던 시기에 기록을 담당했던 蒼頡이라는 신하가 새나 짐승의 발자국을 본떠 만든 문자가 한자라는 주장도 있다. 한자의 초창기 형태는 끈을 묶어 매듭으로 의사를 전달하는 結繩이나 나무 조각에 글자를 새기는 符節 등이었다. 그러다가 기원전 15세기 무렵부터 거북의 배 껍질이나 짐승의 뼈에 글자는 새기는 이른바 甲骨文(甲은 胛으로 표기하기도 한다)이 등장하면서, 이를 한자의 최초 형태로 보는 설이 유력해졌다. 이후 周나라에서 靑銅器를 사용해 문자를 기록하던 篆文(이를 金文이라고도 함)이 나타나면서 한자는 數量과 정보전달체계면에서 飛躍的인 발전을 가져왔다. 일반적으로 한자 자형의 변천은 다음과 같은 여섯 단계로 나눈다.

1) 篆書 – 大篆과 小篆

篆이란 金文과 甲骨文에서 사용되던 초기 한자의 형태를 가리킨다. 이후 秦始皇이 전국을 통일한 뒤 주나라 금문을 토대로 문자개혁을 시도해 이른바 小篆을 만들었다. 小篆을 제작한 주인공은 진시황의 재상 李斯로 알려져 있는데, 그는 각 지역의 異體字를 모두 추려내어 한자의 규범화에 커다란 역할을 했다고 한다.

2) 隷書

隷書란 글자 자체에서도 알 수 있듯이 노예, 혹은 하급관리들이 사용하던 문자이다. 일설에는 秦始皇 때 獄吏였던 程邈이 옥에 종사하는 徒隷늘의 문서가 번집한 깃을 줄이기 위해 大篆을 개선하여 만들었다고 한다. 篆書에 비해 또박또박 끊어 썼으며, 이로 말미암아 한자에 劃의 개념이 처음 도입되었다.

3) 草書

한자는 붓으로 종이에 쓰는 것이므로 전서와 예서는 획수도 복잡하고 자형의 변화도 심해 빨리 쓰기에 불편함이 많았다. 이에 빠르게 쓸 목적으로 전서와 예서의 자형을 축소하면서 필획을 연결하는 자형이 만들어졌는데, 전서의 경우는 篆草, 예서의 경우는 隸草라 했다. 그러나 시간이 지날수록 전초는 사라지고 隸草가 보다 우위를 점하게 되었다.

4) 楷書

해서는 현재 가장 보편적으로 많이 쓰는 자형으로, 예서의 알아보기 쉬운 장점과 초서 속필의 장점을 결합한 것이다. 해서는 魏晉南北朝代에 등장하여 唐代에는 보편적인 서체로 자리잡았다.

5) 行書

行書는 楷書를 기본으로 글자를 보다 빨리 쓰기 위해 고안된 서체이다. 그러므로 草書와는 달리 생겨난 것도 제일 나중이며, 草書처럼 난해하지도 않다. 현재 우리가 주변에서 쉽게 볼 수 있는 조선조 간행 서책들은 筆寫本을 제외하고 거의 대부분 이 行書體로 쓰여져 있을 정도로 보편화된 서체이다.

6) 현대의 서체

현대는 컴퓨터의 보급·서구식 인쇄기의 유입 등으로 인해 출판물의 서체에 많은 변화를 가져왔는데, 대표적인 예가 바로 명조체·고딕체 등의 등장이다. 명조체는 중국 明代의 서풍을 따랐다고 하는 데서 유래한 명칭으로, 안정감이 있고 가독성이 높아 인쇄물의 본문서체로 널리 사용되고 있다. 한글 명조체는 1950~60년대에 崔正浩가 디자인한 서체가 그 바탕이 된 것으로 알려져 있다. 그런데 여기서 유의해야 할 점은 명조체로 쓴 한자는 전통적인 해서와 행서와는 약간 다르다는 사실이다. '百聞不如一見'이라고 '食' 자를 예로 들어 한글과 컴퓨터사에서 제작한 '한글2002' 이상의 버전에서 바탕체-명조체-해서체의 자형 변화를 살펴보기로 한다.

食(바탕체)　　食(명조체)　　食(해서체)

餓(바탕체)　　餓(명조체)　　餓(해서체)

위에서 보듯, 食 자는 독립적으로 쓰일 때 자형의 변화가 거의 없다. 단지 人 자 아래에 쓰인 良 자의 윗부분이 'ㅡ'과 'ㆍ'인 것만 다를 뿐이다. 그러나 이 글자가 부수로 사용될 때는 이야기가 달라진다. 食자는 부수 글자이므로 會意나 形聲文字 등 여러 가지 조합으로 쓰이는데, 이때 食 자는 자형에 일부 변화가 있다. 즉, 食 자의 일부인 良 자 아래 부분의 삐침과 파임이 사라지고 마치 二 자 비슷하게 변하는 것이다. 이런 예는 人, 入도 마찬가지이다.

人(바탕체)　　人(명조체)　　人(해서체)

入(바탕체)　　入(명조체)　　入(해서체)

고래로 人과 入은 자형이 워낙 비슷해서 文理에 따라 구분해야 한다고 할 정도로 유사성이 많은 글자이다. 그러나 위에서도 알 수 있듯이, 현재의 서체에서는 人과 入을 자체에서 명확하게 구분하기 위해 入자는 제일 윗부분을 왼쪽으로 돌출시켰음을 알 수 있다.

書體 變遷에 대해 이야기하면서 갑자기 명조체, 바탕체 등 한글 워드 프로세스의 자형(Font)을 언급해 약간 당혹스러울 수도 있다. 하지만 한자 수업을 수강하는 학생들 중에는 위의 차이점을 분명하게 이해하지 못하는 경우를 종종 보았다. 이 또한 컴퓨터의 보급으로 인한 표기 수단의 변화에 불과할 뿐, 자형이 새롭게 만들어진 것이라는 보기 어렵다. 한자의 자형은 위에서 말한 것 외에도 우리나라에서만 쓰는 異體字, 俗字 등이 매우 많다. 그러니 한자 학습을 제대로 하기 위해서는 어쩔 수 없이 玉篇, 그것도 비교적 용례가 풍부한 두꺼운 것이 필요할 것이다. 아직도 전자사전의 달콤한 유혹에 빠져 계속 걸음마만 내딛고 있을 것인가? 주저없이 전자사전을 버리고 옥편을 찾으라. 옥편이나 자전을 찾아도 정 모르겠으면 한시 바삐 주위에 계신 선생님이나 알 만한 친구들에게 물으라. 不恥下問이라고, 모르는 것은 죄가 아니지만, 묻지 않는 것은 분명 잘못이다.

伯牙絶絃

『呂氏春秋』에 나오는 말로 거문고의 명인 伯牙와 귀 명창 鍾子期의 우정에 관한 이야기이다. 평소 거문고에 많은 애착은 갖고 있던 백아도 자신의 음악을 알아주던 종자기가 죽자 거문고 줄을 끊고 다시는 연주하지 않았다고 한다.

> **예** 힙합그룹 리쌍이 故 최요삼 선수를 기리는 추모곡을 발표해 화제다. 리쌍은 5집 앨범 '伯牙絶絃' 을 8일 온라인과 오프라인을 통해 발표했다. 〈한국경제, 2009.01.09〉

畵龍點睛

『水衡記』에 수록된 고사로, 중국 唐나라 때 張僧繇가 金陵의 安樂寺에 서 용을 그리고 난 후에 마지막으로 눈동자를 그려 넣었더니 그 용이 실제 용이 되어 홀연히 구름을 타고 하늘로 날아 올라갔다 데서 유래한 말이다. 무슨 일을 하는 데에 가장 중요한 부분을 완성함을 뜻한다.

> **예** 선발이냐 교체냐 만 남겨놓고 있을 뿐 박지성은 준비는 다 끝냈다. 이제 올 시즌 피날레인 '꿈의 무대'에서 '畵龍點睛'만 남겨 됐다. 〈스포츠서울, 2009.05.25〉

생활 속의 한자

盲從

우리 사회에는 고유한 전통을 소중히 여기지 않고 남의 것을 무조건 좋아하고 따르는 풍조가 蔓延해 있다. 外製選好나 西歐文物에 대한 耽溺이 그 대표적인 예라 하겠다. 『莊子』에는 남의 것을 맹종했을 때 일어나는 폐단을 알려주는 흥미로운 일화가 소개되어 있다.

燕나라의 首都인 壽陵에 살던 어떤 젊은이가 자기 나라의 걸음걸이도 제대로 익히기 전에 그가 늘 憧憬해오던 趙나라의 대도시인 邯鄲에 가서 그 곳 걸음걸이를 배우게 되었다. 그러나 그는 기초가 제대로 갖춰지지 않아 조나라의 걸음걸이를 배울수가 없었다. 할 수 없이 중도에서 포기하고 자기 나라로 돌아오려고 했으나 본래의 걸음걸이마저 잊어버려 결국엔 엉금엉금 기어서 왔다고 한다.

우리의 전통을 계승, 발전시키지 못하고서는 남의 것을 받아들여 우리의 것으로 토착시킬 수 없다. 남의 것을 맹종하면 문화적 식민지로 전락하게 된다. 우리 것의 소중함을 되새길 때다.

知音

거문고 연주자인 伯牙에게는 鍾子期라는 친구가 있었다. 종자기는 백아가 거문고를 연주하면 항상 곁에서 그 소리에 귀를 기울이다가 금빙 백아가 무슨 생각을 하고 있는지를 알아내었다.

백아가 高山에 마음을 두고 거문고를 연주하면 종자기는 '峨峨兮若泰山'(높고 높음이 마치 태산같도다)이라 했고 流水에 뜻을 두고 있으면 '洋洋兮如江河'(넓고 넓음이 마치 강과 시내와 같구나)라고 했다.

이처럼 종자기는 백아의 속마음을 환히 헤아렸다. 그 후 종자기가 죽자, 백아는 자신이 연주하던 거문고의 줄을 모두 끊어버렸다.(伯牙絶絃) 거문고 소리를 듣고 자기의 마음을 알아주었던 친구의 죽음은 그에게 감당키 어려운 깊은 슬픔으로 다가왔던 것이다.

그러니까 知音은 자신의 속마음을 알아주는 친구라는 뜻이다. 곧 知己之友와 같은 말이다. 崔致遠은 '세상에는 지음이 별로 없다'(世路少知音)고 했지만 그래도 찾아보면 자신을 알아주는 친구가 하나쯤은 있지 않을까. 나의 지음은 지금 어디에 있을까.

錦繡

錦은 명주실로 짠 비단으로 광택나는 천이다. 繡는 바느질하여 여러 가지 무늬를 만드는 것이다. 말하자면 錦繡는 원래 광택나는 비단에다 갖가지 색깔로 수를 놓는 것을 뜻한다. 그러니까 화려하기 그지없다. 錦上添花[비단 위에다 꽃을 얹음]인 셈이다.

흔히 우리나라를 '三千里 錦繡江山'이라고 한다. 비단에다 수를 놓은 듯한 아름다운 곳이라는 뜻이다. 그런데 요즘은 이 말이 有名無實해지는 것 같다. 무분별한 개발과 환경오염으로 우리의 국토가 날로 황폐해지고 있으니 말이다. 거기다가 흉악한 범죄까지 끊이지 않고 있으니 이러다간 짐승처럼 서로를 잡아먹는 禽獸江山이 되지 않을까 걱정스럽다.

가끔, 錦繡는 다른 어휘와 연결되어 부정적인 의미로도 쓰인다. '錦繡衣 喫一時'(비단 옷도 한 끼)가 그런 용례에 속한다. 이는 비단옷 입고 잘 살다가도 구차하게 되면 한 끼 음식과 바꾼다는 뜻이다.

'비단옷도 한 끼'라는 것은 호화로움도 한 때에 지나지 않음을 말한 것이다. 비록 비단옷이라고 하더라도 팔면 하루아침 끼니 값에 지나지 않는다. 錦繡衣喫一時, 言豪華不過一時也. 雖錦繡之衣, 賣之不過當一朝之食 『靑莊館全書』

漢字 試驗 對備

1. 다음 漢字의 음과 訓을 쓰시오.

▫展　　□映　　□配　　□執　　□達　　□給　　□撮

▫脚　　□踊　　□響　　□笛　　□算　　□籍　　□奏

▫壓　　□帶　　□批　　□像　　□督　　□圖　　□割

2. 다음 漢字의 部數를 쓰시오.

▫主：　　□壓：　　□出：　　□書：　　□年：　　□商：　　□業：

3. 다음 漢字의 讀音을 쓰시오.

□神殿(　　　)　□感歎(　　　)　□遺産(　　　)　□糧穀(　　　)　□秘訣(　　　)

□彫刻(　　　)　□紐帶(　　　)　□觀光(　　　)　□餘裕(　　　)　□滿喫(　　　)

□脈搏(　　　)　□舞臺(　　　)　□觀客(　　　)　□鬚髥(　　　)　□紹介(　　　)

□憫憫(　　　)　□諷刺(　　　)　□破壞(　　　)　□律動(　　　)　□三昧(　　　)

□演劇(　　　)　□隨筆(　　　)　□開催(　　　)　□體驗(　　　)　□管絃(　　　)

□典籍(　　　)　□模範(　　　)　□綠陰(　　　)　□硯滴(　　　)　□研磨(　　　)

□基礎(　　　)　□誇張(　　　)　□離散(　　　)　□彈力(　　　)　□毀損(　　　)

4. 다음의 음과 訓에 해당하는 한자를 쓰시오.

①빛 경　　②모양 자　　③상줄 상　　④끝 단　　⑤음악 악

⑥춤출 무　　⑦베낄 사　　⑧볼 감　　⑨비출 조　　⑩비율 율

❑ 다음 글을 읽고 물음에 답하시오.

> 　『화인열전』은 한국미술사의 대표적인 화가 여덟 명의 **전기❶**로 구성되어 있다. 그러나 화가의 일생을 연대기로 記述(①)한 것이 아니라 그 藝術(②)的 성취를 인생 **역정❷** 속에서 살펴본 것이니 평전이라고 말해도 좋을 것이다. 冷徹(③)히 말해서 우리는 그동안 선현들에 대해 너무도 무심해왔다. 퇴계 이황과 율곡 이이 같은 대학자들에 대해서도 그렇듯이 謙齋(④) 정선과 檀園(⑤) 김홍도 같은 위대한 화가들의 일생에 관해 알고 있는 지식이 불과 서너 마디에 지나지 않는다. 어쩌면 반 고흐나 피카소 같은 서양화가보다 모른 채 살고 있다. 나는 학창시절에 이탈리아 르네상스 시대에 바사리(Giorgio Vasari, 1511~1574)가 지은 『미술가 열전(列傳)』, 정확히 말해서 『가장 유명한 화가, 조각가, 건축가들의 일생』을 읽고 큰 감명을 받았다. 이 책에는 偉大(⑥)한 藝術家가 자기 예술을 완성하기 위하여 지불해야 했던 작가적 執念(⑦)과 인간적 苦惱(⑧)가 감동적으로 서려 있다. 그 점에서 화가의 전기는 인물사로서 미술사이기 이전에 인간학으로서 미술사라고 할 만한 것이다. 반면에 우리나라에는 이런 저서가 없다는 것이 너무도 아쉬웠다. 더욱이 우리 미술사에는 전기를 엮을 화가가 없는 것이 아니라 그런 **노력❸**이 없었다는 생각이 들면서 **조상❹**들에게는 미안하고 나 자신에게는 부끄러운 감정이 일어나곤 했다. 나는 뒤늦게 대학원에 진학하여 한국미술사를 **전공❺**하면서 이 작업을 나의 학문적 일차 **과제❻**로 삼았다. 그래서 석사 학위 논문으로 택한 것이 「능호관 이인상의 삶과 예술」이었다.
>
> 　　　　　　　　　　　　　　　　　　　유홍준, 『화인열전 1·2』 서문(역사비평사, 2001)

5. ①~⑧에 해당하는 漢字의 讀音을 쓰시오.

6. ❶~❻의 單語를 漢字로 쓰시오.

❏ 다음에 주어진 ( )에 적절한 漢字를 넣어 成語를 완성하시오

12. 衆寡不(　　) 13. 自暴自(　　) 14. 牛耳(　　)經 15. 我田(　　)水

16. 烏(　　)梨落 17. 龍(　　)蛇尾 18. (　　)恩忘德 19. 白骨(　　)忘

20. 다음에 주어진 單語의 漢字 表記가 잘못된 것을 고르시오.

①피곤(疲困)　　②추측(推測)　　③정숙(靜肅)　　④저축(貯築)　　⑤선택(選擇)

漢字 쓰기

학과(부)	학번	이름	담당교수

違反 어길 위 돌이킬 반

壓力 누를 압 힘 력

縮小 움츠릴 축 작을 소

批評 칠 비 평할 평

展示 펼 전 보일 시

彫刻 새길 조 새길 각

演奏 스며들 연 아뢸 주

舞踊 춤출 무 뛸 용

監督 볼 감 살필 독

猥褻 함부로 외 더러울 설

<table>
<tr><td colspan="2" align="center">漢字 쓰기</td></tr>
</table>

학과(부)	학번	이름	담당교수

映 像
비출 영 형상 상

警 笛
경계할 경 피리 적

模 範
법 모 법 범

典 籍
책 전 서적 적

寫 眞
베낄 사 참 진

隨 筆
따를 수 붓 필

創 作
만들 창 지을 작

開 催
열 개 재촉할 최

離 散
떨어질 이 흩어질 산

硯 滴
벼루 연 물방울 적

웰빙(Well-being)

웰빙(Well-being)이라는 말이 '暴發'이라고 해도 좋을 정도로 각종 媒體에 亂舞하고 있다. 健康하고, 安樂하고, 滿足스러운 인생을 살자는 의미다. 국립국어연구원은 '참살이'라는 우리말을 提示하였지만, '참살이'로 바꿔 쓰려는 사람은 거의 없는 것 같다.

웰빙의 原産地는 미국이다. 미국에서 웰빙을 追求하는 사람들은 "健康과 함께 環境을 重視하는 상품을 찾는 생활방식의 소유자"로 정의하고 있다. 한국에서 웰빙이란 말이 사용되기 시작한 것은 1997년 미국의 親環境 化粧品이 수입되면서부터였지만 IMF 外換 危機를 겪으면서 관심을 끌지 못하다가 〈허준〉, 〈대장금〉 등 건강 관련 드라마의 인기, 요가의 普及, 演藝人들의 '몸짱 신드롬', 鳥類 毒感·狂牛病 波動 등을 거치면서 폭발적인 觀心의 대상이 되었다.

健康과 環境을 앞세우는 웰빙 바람이 家電 업계의 版圖를 변화시켰다는 주장도 있다. 空氣淸淨器·淨水器·비데 등이 家電業界의 새로운 孝子品目으로 確實히 자리매김한 것도 웰빙 바람 덕분이라는 것이다. 영양갱, 食醯, 밤, 누룽지 등 전통 먹거리도 웰빙형 음식으로 脚光을 받고 있다고 한다. 健康 熱風이 불면서 人工添加物이 比較的 적고 原料 그대로의 맛을 살렸기 때문이다.

웰빙 音樂이란 것도 있다. 이는 精神을 통일시키고 마음에 安靜을 주는 조용하고 敍情的인 旋律의 絃樂과 피아노곡을 사용하는 클래식이나 뉴에이지 장르를 의미한다. 휴대폰 콘텐츠도 웰빙 시대를 맞았다. 健康을 고려한 斬新한 모바일 콘텐츠들이 쏟아지고 있는 것이다.

그러나 "웰빙은 詐欺다."라는 非難도 있다. 웰빙 열풍은 한국인 特有의 강한 知的·情緖的 호기심과 더불어 뭐든지 좋다고만 하면 우우 몰려다니길 좋아하는 '쏠림 문화' 현상의 産物, 그리고 旣存 하이테크 문화에 대한 반작용으로 나타는 것이라고 보는 것이 옳을 것 같다.

강준만, 『한국인을 위한 교양 사전』(인물과사상사, 2004)

나는 지금껏 술을 많이 마셔 본 적이 없어 내 주량이 얼마인지는 모른다. 내가 벼슬하기 전에 重熙堂에서 世子 邸下께서 燒酒를 옥으로 만든 筆筒에 가득 따라 下賜하신 적이 있었다. 사양하지 못하고 마시면서 '오늘 죽었구나.'라고 생각했는데, 크게 취하지는 않았다. 또 春塘臺에서 主上을 모시고 科擧 試驗의 試驗官으로 參與했을 때, 주상께서 좋은 술을 下賜하신 적이 있었다. 그때 여러 학사들은 크게 취해 남쪽을 향해 절을 하기도 하고, 그 자리에서 쓰러지기도 했었다. 그런데 나는 答案을 다 읽었고 합격한 이들의 等數까지 蹉跌없이 매겼단다. 단지 물러날 때 조금 醉氣가 오르더구나. 그러나 너희들은 내가 술을 반 잔 넘게 마시는 걸 한 번이라고 본 적이 있느냐?

참다운 술맛은 입술을 적시는 데 있는 것이다. 그런데 소가 물을 먹듯 술을 마시는 사람은 입술이나 혀는 적시지도 않고 바로 목구멍으로 넘기니, 어찌 술맛을 제대로 안다고 하겠느냐? 술을 마시는 즐거움은 약간 취하는 데 있을 뿐이다. 술을 마신 후에 얼굴빛이 붉어지며 嘔吐를 하고 잠에 곯아떨어지는 사람들이 무슨 즐거움을 느끼겠느냐? 술 마시기를 좋아하는 사람들은 대개 병이 들어 끔찍하게 죽기 마련이다. 술독이 五臟六腑에 스며들어 하루아침에 썩어 문드러지고 말 뿐이니, 이는 참으로 警戒해야 할 일이다. 나라가 망하고 가정이 잘못되는 것은 모두 술을 마시는 데서 말미암는다.

그래서 선인들은 '觚'라는 술잔을 만들어 술 마시는 것을 알맞게 調節했다. 이후에 이 술잔을 쓰면서 사람들이 절제할 줄 모르자 공자는 "觚를 쓰면서도 주량을 조절할 줄 모른다면, 어찌 觚라고 하겠는가?"라고 하셨다. 너는 많이 배우지 못하고 아는 것이 없는데다 아비가 죄를 지어 벼슬을 할 수 없게 된 처지이다. 그런데 술주정뱅이라는 소리까지 듣는다면 어찌하겠느냐? 몸가짐을 반듯이 하고, 술을 입에 가까이 하지 말거라. 부디 멀리 있는 이 애처로운 아비의 말을 따르도록 해라.

丁若鏞, 『茶山詩文集』, 〈寄遊兒〉

울산시와 문화재청이 반구대 岩刻畵 보존 방안을 놓고 수년째 줄다리기만 하고 있다. 울산시는 반구대 암각화를 중심으로 상류 500m, 하류 200m 지점에 각각 친환경 생태 제방을 設置하고 암각화를 우회하도록 유로를 變更하는 방안을 제시하고 있다. 이것이 암각화의 근본적인 浸水 및 수원 損失을 防止하고 생태제방으로 주변에 산재한 문화유적을 둘러볼 수 있는 探訪路로 활용한다는 計劃이다. 문화재청은 암각화의 위치가 標高 52.5m-56.5m에 위치하고 있어 사연댐의 수위를 60m에서 52m로 나춰 암각화의 浸水를 방지한다는 計劃이다. 이에 대해 울산시는 사연댐의 수위를 이같이 나출 경우 하루 3만 톤의 원수공급량이 減少하고 이 같은 수위에도 연평균 55일 정도가 침수된다는 이유로 반대 입장을 보이고 있다. 이처럼 문화재청과 울산시의 보존방안을 놓고 팽팽한 줄다리기가 계속되고 있는 가운데 울산시는 응급조치로 지하차수벽 설치와 제방형 성토로 물길을 遮斷하는 방안을 제시했다. 이는 암각화 반경 30m 지하를 특수공법으로 차수벽을 설치해 지하로 들어오는 물길을 원천 遮斷한다는 것이다. 또 암각화 앞을 斜線形 자연 제방으로 성토해 우수기 사연댐 물이 암각화에 접근하지 못하도록 하는 방이다. 그러나 암각화 보존에 대한 응급조치에는 몇 가지 문제점이 있다. 우선 문화재청과 사전 調律을 거치지 않아 문화재청이 이 방법을 수용할지의 여부가 不透明하다. 지금까지 두 기관의 보존방안에 대해 서로가 讓步하지 않은 상태에서 울산시의 응급조치 방안이 대안이라고 선뜻 받아 줄 것으로 보이지 않기 때문이다. 또 豫算 浪費라는 指摘을 받을 수 있다. 울산시의 수로변경방식에 투입되는 예산이 600억 정도인데 응급조치로 200억원의 예산을 들인다는 것은 算術的으로 이해하기 힘든 부분이 많다. 특히 암각화의 보존방안과 毀損狀態에 대해 최근 세미나에서 堆積巖으로 이루어진 巖刻畵가 현재 흙 상태 직전인 4-5단계란 학계의 의견이 제시됐다. 여기서 울산시나 문화재청은 보존이 시급하다는 사실에는 의견을 같이하고 대책을 세운다고 하지만 중요한 비바람으로 인한 毀損 대책은 전무하다. 시는 우선 물에서 건저 놓고 대책을 세우겠다고 하지만 이는 너무 安逸한 대처다. 물에서 거저 놓고 풍화작용으로 인한 毀損 방지 대책을 세우기에는 암각화의 毀損 狀態가 너무 深刻하다는 것이다.

〈울산제일일보〉

한자와 이야기

　현재 우리가 사용하고 있는 한자가 중국에서도 그대로 통용되고 있는가? 아니다, 아니, 맞다. 무슨 대답이 이러냐고 하겠지만, 그것은 현실이다. 예를 들어 사람 인(人)은 중국에서도 '人'이다. 하지만 좀 어려운 글자는 다르다. 체육의 체(體) 자는 '体'로 쓴다. 전혀 다른 글자인 것이다. 다르긴 다른데 더 簡單해졌음을 알 수 있다. 중국에서는 우리가 쓰는 한자를 繁體字라 하고, 현재 중국에서 쓰는 한자는 簡體字라고 한다. 결국 한국 한자와 중국 한자가 전혀 다른 셈이다.

　한자는 시대에 따라 字形과 뜻이 조금씩 변하기도 한다. 그러나 그런 변화를 거친 후에는 標準 글자체가 어느 정도 자리를 잡아 천년 이상을 별 변화 없이 사용해 왔었다. 이렇게 안정화된 글자체를 破格的으로 變化시킨 것은 불과 50년 전의 일이다. 중국 정부의 苦悶은 유명한 지식인 魯迅의 한마디에 집약되어 있다. 그는 "한자가 없어지지 않으면 중국은 망하고 말 것이다[漢字不滅 中國必亡]."이라고 역설했다. 얼마나 한자가 어려웠으면 이런 말을 했을까? 물론 한자가 가지고 있는 장점도 많겠지만 啓蒙이 필요한 시기에 노신이 느낀 것은 絶望뿐일 듯하다.

　그도 그럴 것이 50년대 이전 중국의 文盲率은 80%에 이르렀다. 10명 중에 2명만 문자를 아는 것이다. 미치고 팔짝 뛸 노릇이 아니겠는가? 이런 狀態에서 무슨 지식이 傳達될 것이며, 무슨 근대화가 이루어지겠는가? 물론 落後한 敎育 環境 등 周邊 與件도 문제였지만 보다 核心的인 문제는 한자가 너무 어렵다는 것이었다.

　때문에 중국정부는 果敢하게 文字 改革을 시도했다. 1952년 공식적으로 한자 改革 作業에 들어간 중국정부는 1964년 최종적으로 전통적인 한자를 簡略하게 줄인 簡體字 體系를 確立하게 된다. 이러한 노력과 사회교육의 諸般 여건 등이 좋아져 1982년도 調査에 따르면, 전 국민 文盲率이 23%대로 대폭 줄어들었다고 한다. 簡體字란 한마디로 한자의 數量과 筆劃을 확 줄여버린 것이다. 덕분에 文盲率이 뚝 떨어졌는데, 이는 결국 중국 인민들에게도 한자 가 어려웠다는 뜻이 된다. 즉 簡體字는 중국 인민의 文盲率 退治를 위해 중국정부의 주도하에 綿密한 計劃과 檢討를 통해 인위적으로 만들어진 글자인 것이다.

송원찬 외, 『한자콘서트』(차이나하우스, 2007)

한자성어

含哺鼓腹

배를 두드리고 발을 구르며 흥겨워한다는 뜻으로, 태평성대를 형용하여 이르는 말이다. =鼓腹擊壤, 擊壤歌

예 병균들이 침입해도 유전공학적으로 생산된 약품으로 모두 치료가 되고, 유전공학을 이용해 만들어 넘쳐나는 식량 더미 위에서 含哺鼓腹 하는 시대의 사람들 각각은 행복할지도 모르겠다. 〈한국일보 2007.01.15〉

水滴穿石

물방울이 돌을 뚫는다는 말로 작은 노력이라도 끈기 있게 계속하면 큰일을 이룰 수 있음을 비유한 말이다.

예 올해는 "水滴穿石을 경영화두로 삼아 수신기반 확대와 수익중심의 내실경영을 착실히 추진하겠다."고 밝혔다. 〈부산일보 2008.03.21〉

見利思義

『論語』 「憲問」 편에서 공자가 한 말로 "눈앞의 이익을 보면 의리를 먼저 생각한다."는 뜻이다.

예 공자가 말한 '見利思義'를 삶의 원칙으로 가르치는 유교적 전통 아래서, 사회 문제를 해결하는 데 기업도 나서야 한다는 공감대가 있었다. 〈한겨레신문 2008.06.26〉

韜光養晦

줄어서 韜光이라고도 하며, 빛을 감추고 밖에 비치지 않도록 한 뒤, 어둠 속에서 은밀히 힘을 기른다는 뜻이다.

> **예** 후 주석은 덩샤오핑(鄧小平) 시대의 '때를 기다리며 힘을 키운다는 韜光養晦 外交'에서 벗어나 '전방위 대국외교'를 시도하고 있다"고 말했다. 〈헤럴드경제 2009.03.19〉

臨渴掘井

『晏子春秋』에서 유래한 말로, '목이 마르고서야 우물을 판다'라는 뜻이다. 이는 미리 준비하지 않고 지내다가 일을 당하고 나서야 비로소 황급히 서두르는 경우를 비유한 것이다.

> **예** 그는 기후변화를 포함한 세계적인 과제에 적극 대비해야 한다면서 "목이 말라야 우물을 판다"는 뜻의 '臨渴掘井'이라는 중국 속담을 인용하기도 했다. 〈세계일보 2009.02.22〉

생활 속의 한자

蠶食

잠식이란 누에가 뽕잎을 조금씩 갉아먹는다는 뜻이다. 누에의 몸집은 손가락만한데 뽕잎의 크기는 그보다 수십 배가 넘어 언뜻 보면 누에가 뽕잎을 먹고 있는지 쉽게 알아차릴 수 없다. 그러나 한참 뒤에 보면, 뽕잎은 온데간데 없고 뽕나무 가지만이 앙상하게 남는다. 조금씩 먹었지만 줄기차게 먹어 치운 것이다. 그래서 잠식이란 어떤 나라를 조금씩 침략해서 결국에는 완전히 삼키는 경우에도 곧잘 쓰인다.

秦以熊羆之力, 虎狼之心, 蠶食諸侯, 幷呑海內 『漢書』
(진나라는 곰과 같은 강한 힘, 그리고 호랑이와 이리같은 포악한 마음으로 제후들을 차츰 침략하여 중국 안의 여러 나라들을 모두 삼켜 버렸다.)

우리는 日帝에 의해 蠶食당한 뼈아픈 역사를 지니고 있다. 그들은 아직도 제국주의 根性을 버리지 않고 문화적 침탈을 통한 한반도의 잠식을 노리고 있다. 우리의 청소년들이 倭色文化에 빠져드는 것은 매우 경계해야 할 일이다.

狼藉

이리는 언뜻 보면 개와 비슷하지만 양쪽 뺨에 반점이 있고 눈이 비스듬히 찢어진 맹수다. 이리는 호랑이와 마찬가지로 잔인한 성질 때문에 사납고 매몰찬 사람을 비유(虎狼)할 때 흔히 등장되는 동물이다. 한편, 이리는 겁이 많아 길을 갈 때 항상 뒤를 돌아본다고 한다. 그래서 겁많은 사람의 행동을 狼顧라고 한다.

특히, 이리는 성격이 매우 까탈스러워 아무데나 눕지 않는다. 반드시 푹신푹신한 풀을 깔고 눕는다. 누워서도 가만히 있지 않고 온갖 몸부림을 친다. 그러니 밑에 깔린 풀이 온전할 리 없다.

이처럼 이리가 누웠다가 떠난 자리에는 풀이 어지럽게 흩어져 있기 마련이다. 여기서 狼藉라는 말이 유래된 것이다.

肴核旣盡, 杯盤狼藉. 相與枕藉乎舟中, 不知東方之旣白 『前赤壁賦』
(고기와 과일 안주는 다 떨어지고 술잔과 쟁반은 여기저기 어지럽게 흩어져 있었다. 배안에서 서로 상대방을 베고 깔고 자다가 동녘이 환히 밝은 줄도 몰랐다.)

술자리에서의 이런 광경은 풍류나 멋으로 볼 수도 있다. 하지만 삶 자체가 낭자해서야 되겠는가.

酬酢

주인이 손님에게 술잔을 주는 것을 酬라 하고 손님이 주인에게 술잔을 건네는 것을 酢이라고 한다. 그러니까 수작은 서로 술잔을 주고받으면서 응대하는 것을 말한다. 이때는 酒禮에 따라 상대방에 대한 공경의 표시로 절을 하면서 술잔을 주고받았다고 한다. 이러한 禮法은 자칫 흐트러지기 쉬운 자세를 가다듬고 人事不省을 미연에 막기 위해 마련된 것이다.

서로 예의를 갖추며 술잔을 주고받으면 대화는 갈수록 맑아지고 무르익어 갈 것이다. 이처럼 서로 대화를 주고받으며 응대하는 것도 역시 수작이라고 한다.

行必協陰陽之宜, 不使一物受其害, 故能彌綸宇宙, 酬酢神明 孔穎達 『易正義序』
(행동할 때 음양의 도에 맞추어 하나의 사물도 해를 입지 않도록 한 까닭으로 우주를 두루 다스리고 천지신명과 대화를 나눌 수 있다.)

그러나 예의를 갖추지 않고 술잔을 주고받으면 天地神明과의 대화는 고사하고 술자리는 어지러워지고 말은 거칠어지기 마련이다. 이렇게 되면 수작은 남의 언행을 하찮게 부르는 말로 전락하게 된다. '수작부리다', '수작걸다'라는 표현이 바로 이런 용례에 속한다.

漢字 試驗 對備

1. 다음 漢字의 音과 訓을 쓰시오.

▫播　　　□料　　　□隔　　　□膳　　　□侵　　　□害　　　□除

▫特　　　□偶　　　□階　　　□戲　　　□託　　　□微　　　□妙

▫辱　　　□腐　　　□讚　　　□紫　　　□裕　　　□搖　　　□痕

2. 다음 漢字의 部數를 쓰시오.

▫截 :　　　□裁 :　　　□聖 :　　　□色 :　　　□禹 :　　　□盤 :　　　□歷 :

3. 다음 漢字의 讀音을 쓰시오.

□計劃(　　　)　□標高(　　　)　□遮斷(　　　)　□斜線(　　　)　□調律(　　　)

□豫算(　　　)　□浪費(　　　)　□該博(　　　)　□侯爵(　　　)　□安逸(　　　)

□答案(　　　)　□等數(　　　)　□蹉跌(　　　)　□醉氣(　　　)　□嘔吐(　　　)

□憑藉(　　　)　□領域(　　　)　□把握(　　　)　□匿名(　　　)　□簡潔(　　　)

□配慮(　　　)　□秩序(　　　)　□擔當(　　　)　□穿鑿(　　　)　□媒體(　　　)

□浸透(　　　)　□誹謗(　　　)　□攻擊(　　　)　□因襲(　　　)　□陶冶(　　　)

4. 다음의 音과 訓에 해당하는 漢字를 쓰시오.

①정밀할 정　　②날개 익　　③의심할 의　　④어두울 암　　⑤초하루 삭

⑥생각할 억　　⑦더러울 추　　⑧점차 점　　⑨가릴 선　　⑩꿀 밀

5. 다음 ( )에 訓이 같은 한자를 넣어 單語를 완성하시오.

①(　　)却　　　②(　　)綱　　　③(　　)敬　　　④(　　)階　　　⑤(　　)固

⑥(　　)空　　　⑦(　　)較　　　⑧(　　)率　　　⑨(　　)黨　　　⑩巨(　　)

⑪孤(　　)　　　⑫侵(　　)　　　⑬(　　)梁　　　⑭(　　)量　　　⑮(　　)慮

⑯經(　　)　　　⑰(　　)了　　　⑱(　　)磨　　　⑲(　　)幕　　　⑳(　　)目

6. 다음은 어떤 단어를 풀이한 것이다. 밑줄 친 말에 유의하여 빈 칸에 들어갈 적절한 2음절의
　 단어를 한자로 쓰시오.

①(　　　　　) : 소의 젖에서 생산되는 액체.

②(　　　　　) : 칡과 등나무 같이 얽혀 서로 불화하여 다툼.

③(　　　　　) : 여럿 가운데서 필요한 것을 골라 뽑음.

④(　　　　　) : 고향으로 돌아감.

⑤(　　　　　) : 말에서 떨어짐.

7. 다음 □안 한자의 독음이 바른 것을 고르시오.

| 嗅覺　　　杳然　　　恥辱　　　痛歎 |

①취각, 행연, 치욕, 통복　　　②후각, 묘연, 치욕, 통탄

③비각, 묘연, 치루, 동탄　　　④후각, 묘연, 기욕, 통탄　　　⑤비각, 답연, 굴욕, 통탄

8. 다음의 속담과 한자가 관계없는 것끼리 짝지어진 것을 고르시오.

①티끌 모아 태산 - 積土成山

②좋은 일은 액(厄)도 많다. - 好事多魔

③그 아버지에 그 아들 – 塞翁之馬

④가는 말에 채찍질 – 走馬加鞭

⑤달면 삼키고 쓰면 뱉는다. – 甘呑苦吐

9. 다음 문장 중 한자성어의 사용이 올바르지 않은 것을 고르시오.

①不撓不屈의 의지로 목표를 이룰 수 있도록 노력할 것이다.

②그녀는 성품이 착해서 丹脣皓齒라 할 만 하다.

③김과장과 이과장의 심한 경쟁에서 남대리만 漁父之利를 얻었다.

④학문의 길은 멀고도 이루기 어려워 예부터 多岐亡羊이라 탄식했다.

⑤한자 공부는 水滴穿石처럼 매일 조금씩 끊임없이 노력해야 한다.

10. 다음의 시는 容齋 李荇의 〈寂寂〉이다. 이 시의 주제로 가장 적절한 한자성어를 고르시오.

寂寂江湖遠	적적하게 강호의 외진 여기
幽幽松桂陰	그윽하게 소나무와 계수나무 우거졌네.
非緣忘世果	세상 잊기에 과감해서가 아니라
自是避人深	본래 사람 피한 게 깊었던 게지.
搖落秋將盡	나뭇잎은 져 가을도 다 가는 때
衰遲病又侵	노쇠한 몸에 병마저 침노하네.
斷絃難更續	낡아진 현 디시 잇기 어리우니
時復一長吟	때로 한 차례 긴 시를 읊조리네.

①江湖歌道 　②安貧樂道 　③鼓腹擊壤 　④伯牙絶絃 　⑤風樹之嘆

丙辰孟冬
桂園

漢字 쓰기

학과(부)	학번	이름	담당교수

憑藉
기댈 빙　깔개 자

領域
다스릴 영　지경 역

把握
잡을 파　쥘 악

簡潔
대쪽 간　깨끗할 결

配慮
짝 배　생각할 려

秩序
차례 질　차례 서

擔當
멜 담　마땅할 당

穿鑿
뚫을 천　뚫을 착

媒體
중매 매　몸 체

浸透
담글 침　통할 투

학과(부)	학번	이름	담당교수

誹謗
헐뜯을 비 헐뜯을 방

攻擊
칠 공 때릴 격

因襲
원인 인 인습할 습

陶冶
질그릇 도 풀무 야

蹉跌
넘어질 차 넘어질 질

嘔吐
노래할 구 토할 토

堤防
둑 제 둑 방

豫算
미리 예 셈할 산

浪費
물결 낭 쓸 비

指摘
손가락 지 가리킬 적

해설가

한국야구위원회(KBO) 事務總長인 하일성은 원래 放送人이다. TBS에서 野球 解說을 시작한 그는 KBS로 옮긴 뒤 스포츠 해설가 중의 看板으로 성장했다. 肺에 이상이 생겨 2005년부터 방송을 접었지만 워낙 털털하고 친근한 입심은 주위에서 지금도 膾炙되고 있다.

특히 야구의 인기가 한창이던 1990년대에는 다른 스포츠 解說者들도 競爭者를 넘어선 따라잡기의 대상이었다. 오죽했으면 1977년 蹴球人들의 워크숍에서 MBC蹴球解說委員인 신문선이 "하일성씨 보다 1원이라도 더 받고 해설할 날을 준비하고 있다."고 했을까.

그가 이처럼 인기를 끈 것은 희망어린 해설에 있다. 그의 말씨는 土俗的이다. 결코 華麗하지 않지만 편안하게 視聽者를 야구의 세계로 案內했다. 마치 쌀밥을 먹은 뒤 누룽지를 마시는 구수한 魅力으로 視聽者들을 사로잡았다. 여기에는 그만의 獨特한 秘訣이 있었다. 해설을 하면서 약팀에게 꼭 希望을 주는 말을 한다는 것이다.

예를 들어 기아와 롯데의 경기를 생각해 보자. 1-0으로 앞서던 기아가 8회말 2실점을 허용해 逆轉 당했다. 이때 하일성은 다음과 같은 코멘트를 꼭 날린다.

"기아는 9회 초 단 한 번의 攻擊만 남았지만 打順이 아주 좋죠. 1번 타자부터 시작하니까 다시 機會를 잡을 수 있습니다. 특히 1번 이종범은 오늘 첫 打席에서 홈런을 기록했죠."

이 말은 들은 기아 팬들은 당연히 9회 초를 기대하게 된다. 해설가의 세계도 競爭이 熾熱하다. 한국야구는 물론이고 메이저리그와 일본야구를 눈감고도 읽어야 한다. 그래서 영어 실력이 뛰어난 젊은 해설가들의 攻勢가 만만찮다. 하지만 하일성은 隱退할 때까지 해설로서 頂上을 지켰다. 가장 큰 힘은 바로 긍정적인 코멘트였다. 이상주, 『설득은 안타도 홈런을 만든다』(미래를 소유한 사람들, 2007)

✳ 스포츠 스타의 '땀'을 사로잡아라.(1)

기업이나 단체들은 로고, 상품이나 서비스 등을 選手들의 衣類에 付着하거나 廣告 紙面 등에 활용하기 때문에 이 선수들은 1차 露出과 2차 露出로서 競技場에서 뿐 아니라 각종 행사 등을 통해서 大衆 媒體에 露出된다. 주로 스포츠용품 업체들이 스포츠 스타를 활용한 스타마케팅에 가장 先頭에 있다. 그 중 나이키의 경우를 예로 들면 마이클 조던과 타이거 우즈라는 두 스타를 앞세워 세계 최고의 미국 시장 공략을 펼쳤다.

그 결과, 비록 전 세계에서는 아디다스에 이은 2위 브랜드이지만 세계 최고의 시장 미국에서 만큼은 그 누구도 비교할 수 없는 최고의 브랜드로 評價된다. 이들 스타들의 캐릭터와 特徵을 통해 적어도 미국의 顧客들에게 상품의 優越性과 信賴性을 確實히 認識시키는데 성공한 것이다. 독일의 자동차 회사인 메르세데스 벤츠사는 LPGA의 女帝 애니카 소렌스탐을 後援해 대대적인 성공을 거둔 케이스이다. 불과 몇 년 전만 하더라도 주요 대회를 싹쓸이 하다시피 했던 소렌스탐 이었기에 기업의 입장에서는 소렌스탐의 우승 이미지를 벤츠에 접목시켜 소렌스탐이 優勝할 때 마다 벤츠라는 자동차가 떠오를 수 있도록 만들었다. 아놀드 파머와 존 엘웨이, 조지 포먼 등은 자신의 이름을 직접 브랜드화 시킨 케이스다. 아놀드 파머는 골프 의류, 가구 등으로 사업을 계속 확장시키고 있으며 존 엘웨이는 자신의 이름을 내건 홈 브랜드로 많은 사랑을 얻고 있다.

약간의 차이는 있지만 데이비드 베컴과 아디다스도 무려 1억 달러에 이르는 契約을 통해 평생 '윈-윈'관계를 맹세한 상황. 아디다스는 데이비드 베컴이라는 인물의 가치를 이용해 베컴 전용 상품의 브랜드를 개발하는 등 새로운 戰略을 통해 브랜드의 가치와 限界를 뛰어 넘으려는 戰略 을 펼치고 있다. 프리데이터 파워스웝브라는 蹴球靴 시리즈 가운데 베컴 專用이라는 문구를 추 가해 색상을 다르게 하여 출시하는 것이 좋은 사례. 결국 같은 제품임에도 일반 제품에 비해 越等한 販賣量을 보이고 있다. 이 밖에도 베컴의 얼굴이 들어간 티셔츠나 신발 등은 어린 아이들 에게 베컴을 偶像化 하여 소유욕을 갖게 하는 고도의 販促 戰略으로 볼 수 있겠다.

✸ 스포츠 스타의 '땀'을 사로잡아라.(2)

韓國에서의 스타마케팅도 크게 다르지 않다. 2002한일월드컵의 열기가 韓半島를 뒤엎을 당시를 떠올려보면 히딩크, 김남일, 홍명보, 이운재 등은 기업들의 단골손님들이었다. 당대 최고의 話頭와 함께 消費者들로 하여금 짜릿한 感激의 瞬間을 다시금 떠올리게 하여 이런 뭉클한 감정을 자신들의 브랜드 이미지에 접목하였고 당연히 이는 성공적이었다. 지난 해 올림픽을 기점으로는 박태환(水泳)과 남현희(펜싱), 野球 대표팀, 핸드볼 대표팀 등이 비슷한 효과를 얻으며 다양한 기업의 후원으로 매체에 등장했고 최근에는 추성훈(K-1), 김연아(피겨스케이팅)가 국민적인 사랑을 얻으며 많은 기업들의 '러브콜' 1순위 인물로 꼽히고 있다.

결국 이러한 것들의 궁극적인 目標는 해당 企業의 賣出 增大에 필요성을 두고 있겠다. 선수와 종목에 따라 편차가 크게 나타나기 때문에 어떤 시장에 접근하느냐에 따라서 그 選擇이 매우 중요하다 할 수 있겠다. 때문에 기업들은 나름대로의 適合性, 실력, 인터뷰, 브랜드 選好度, 성격, 외모, 後援額 등 다양한 부분으로 細部 項目을 두고 스포츠 스타들을 평가한다. NBA의 사례에서 앨런 아이버슨은 마리화나 所持, 여성 폭행, 총기 사건으로 인한 재판 등으로 리복이라는 브랜드에 큰 피해를 남겼고, 가브리엘 리스(배구)는 姙娠으로 인해 姙産婦와 맞지 않는 비타민 업체와의 계약을 破棄하며 訴訟까지 이어져 서로에게 유익하지 못한 결과만 남겼다.

스포츠 스타를 활용한 스타마케팅은 이렇듯 잘만 접목된다면 '황금알을 낳는 거위가 될 수 있지만 잘못된 選擇의 境遇 서로에게 傷處만 남길 수밖에 없다. 많은 기업과 단체들이 각각 다른 목적을 가지고 스타마케팅을 행하고 있는 만큼 종목 선정에서부터 후원 가치까지 결코 쉽지 않은 과정을 겪어야만 함을 알 수 있다. 하지만 무엇보다 분명한 것은 스포츠 스타들에게는 다른 분야의 유명인물들이 가지지 못한 땀을 통한 迫力과 감동이라는 무기를 가지고 있기 때문에 앞으로도 더욱 많은 스타마케팅에 활용될 것이라는 점이다.

〈오마이뉴스〉

한자와 이야기

베를린의 英雄 故 손기정

손기정의 금메달은 당시 나라를 잃은 한민족에게 꿈과 희망을 준 快擧였다. 손기정은 후에 만약 배를 든든히 채우고 訓練을 했더라면 더 좋은 기록을 냈을 것이라며, 당시 어려운 環境에서 운동을 했음을 回顧하곤 했다. 1936년 베를린 올림픽 마라톤에서 금메달을 딴 손기정 선수는 다섯 가지 새로운 記錄을 세웠다

첫 번째 기록은 풀코스 기록이다. 당시 손기정은 1896년 제1회 아테네 올림픽에서 마라톤이 정식 종목으로 探擇된 이후 최초로 2시간 30분의 벽을 깨고 2시간 29분 19초 02의 올림픽 최고 기록으로 優勝을 차지했다.

두 번째 기록은 마지막 100m 레프 타임이다. 대개 마라토너들은 35km 지점 이후부터는 반사적으로 달린다. 다리가 앞으로 나가니까 달리는 것이다. 그리고 40km 지점쯤에서는 에너지가 모두 苦渴되기 때문에 정신력으로 달린다. 따라서 운동장에 들어와서 마지막 100m는 기껏해야 15~17초로 달리게 마련이다. 그런데 손기정은, 기록 필름에 의하면, 마지막 100m를 약 13초에 走破했다. 당시 손기정을 풀코스 기록이 2시간 29분대였기 때문에 100m 당 역 20초에 해당하는 스피드로 달린 셈이다.

세 번째 기록은 마라톤 競技 特性을 무시하고 현지에서 選拔戰을 가진 것이다. 마라톤은 종목 특성상 한 차례 풀코스를 完走하고는 보름 정도 완전히 쉬고 다음 대회를 위해서 훈련에 突入하는 것이 보통이다. 그런데 당시 일본 육상경기연맹은 1932년 LA올림픽 때 不振했던 이유가 3명의 마라토너 가운데 2명의 한국인이 끼어 있어 팀워크가 무너졌기 때문이라고 보고, 베를린 올림픽 마라톤에는 3명 가운데 최소한 2명의 일본 선수를 넣기 위해 갖은 방법을 동원했다. 그래서 이미 선발된 손기정, 남승룡, 시아오쿠 외에 스즈키까지 4명을 베를린 현지로 보내 30km 코스로 선발전을 치르게 했다. 그렇지만 최종 선발 결과는 1위 남승룡, 2위 손기정이었고, 스즈키는 棄權했다.

네 번째는 나라를 빼앗긴 植民地 선수로는 처음이자 마지막으로 올림픽 마라톤을 制覇한 것이다.

다섯 번째, 손기정은 남승룡과 함께 唯一하게 히틀러와 握手를 한 한국 사람이다. 1936년 베를린 올림픽 마라톤 입상자는 1위 손기정, 2위 영국의 하퍼, 3위는 남승룡이다. 당시 금메달리스트에게는 메달과 함께 머리에 月桂冠을 씌워주었다. 그런데 마라톤 입상자에게 월계관을 씌워주는 役割을 히틀러가 한 것이다. 히틀러는 10만 觀衆이 지켜보는 가운데 入賞者 세 사람에게 月桂冠을 씌워 준 후 次例로 握手를 했다.

기영노, 『스포츠, 그 불멸의 기록』(문학사상사, 2006)

이런 말도 한자어

◑ 공갈(恐喝)

'거짓말'을 俗語로는 '恐喝'이라 한다. '恐喝'의 본래 뜻은 '으름장을 놓으며 무섭게 威脅한다.'
는 '恐喝 脅迫'의 의미다. 여기서 '恐'은 두렵다는 의미가 아니라, '으르다'의 뜻이며, '喝'은 '큰소
리치다. 꾸짖다'의 뜻이다. 사마천의 『史記』에도 '恐喝'이란 말이 나오는데, 이것도 역시 남의
약점을 빌미로 윽박지르고 을러대는 것을 뜻한다.

◑ 맹랑(孟浪)

어른에게 뜻밖의 당돌한 말이나 행동을 하는 아이에게 '고놈 참 맹랑하다'는 말을 쓴다. '孟浪'
이란, 원래 생각과는 달리 허망하거나 엉터리라는 뜻으로, 한자로 쓰면 '孟浪'이다. '孟'에는 '우
두머리·첫째'라는 뜻과 아울러 '엉터리'의 뜻이 있으며, '浪'은 '물결' 외에 '放恣하다'의 뜻으로
도 쓰인다. 즉 '맹랑'은 '孟(엉터리 맹)+浪(방자할 랑)'이 합쳐진 말이다.

◑ 무려(無慮)

큰 수효의 앞에 써서 '넉넉히 그만큼은 됨'을 뜻할 때 '무려 얼마나 된다.'는 표현을 쓴다. '無
(없을 무)+慮(생각할 려)'의 형태로 '無慮'라고 쓰는데, 직역하면 '생각없이'가 되지만, 한문에서
는 보통 '대략(大略)·거의·모두' 등의 뜻으로 풀이된다. '무려 10만 명이다.'는 말은 '10만 명쯤
된다'는 뜻으로 오늘날에는 넉넉히 그만큼은 된다, 혹은 강조하는 부사로 쓴다.

◑ 미음(米飮)

몸이 아플 때는 죽보다 더 묽게 쑨 미음을 먹곤 한다. 미음의 사전적 풀이는 '쌀이나 좁쌀을
푹 끓여 체에 밭친 음식'이란 뜻이다. 한자로는 '米飮'이라고 쓴다. '飮'은 동사 '마시다'가 아니라
'마실 것'이라는 의미의 명사로 보아야 한다. 직역하면 '쌀로 만든 마실 것'이라는 뜻이다.

◗ 별안간(瞥眼間)

갑작스레 어떤 일이 발생했을 때 '별안간 천둥이 쳤다.''별안간 누군가가 나타났다.' 등의 표현을 쓴다. 이때 '瞥(별)'은 '언뜻 보다. 잠깐 보다'의 뜻이며, '眼(안)'은 '눈'을 의미하지만 여기서는 동사로 쓰여 '보다'로 풀이한다. 즉 '瞥眼間'은 눈 깜박할 사이에, 갑자기 등의 부사로 우리말에 정착된 것이다.

◗ 심지어(甚至於)

예를 들어 말할 때, '심하게는 이런 경우까지 있다'는 의미로 '심지어는'이란 말을 자주 쓴다. 순우리말 같지만 漢字型이다. 즉 '甚(심할 심)+至(이를 지)+於(어조사 어)'의 형태다. 여기서 '於'는 '-에'로 풀이되는 전치사고 '심지어'에 '는'이란 한글 토씨가 붙은 것이다. '심지어'를 한자 뜻 그대로 풀이하면, '심하게는 -에 이른다'는 말이다.

◗ 장난[作亂]

'어린아이들이 장난을 친다'는 말이 있다. '장난'은 원래 '作(지을 작)+亂(어지러울 란)'의 '작난'으로, 어지러움을 일으키는 것을 뜻했다. 그 후 세월이 흐르면서 발음하기 쉬운 '장난'으로 변했고, 그 뜻도 확대되어 쓰이게 되었다.

◗ 총각(總角)

국어사전에 보면 장가갈 나이가 되었는데 아직 장가가지 않은 남자를 '총각'이라 한다. 한자로는 '總(묶을 총)+角(뿔 각)'의 형태다. 원래는 아이의 머리를 두 갈래로 갈라 머리 위 양쪽에 뿔처럼 동여맨 것을 '총각'이라고 했었다. 그런데 차츰 변하여 '아이 또는 成年이 아닌 남녀'를 뜻하게 되었고, 요즘은 결혼하지 않은 남자만을 일컫게 되었다.

한자성어

隱忍自重

어떤 일에 대해 마음속에 감추어 참고 견디면서 몸가짐을 신중하게 행동함을 뜻한다.

예 올 한 해를 축약하는 사자성어로 직장인은 '隱忍自重'을, 구직자는 '難中之難'을 가장 많이 답했다.
〈한국경제신문, 2008.12.18〉

旭日昇天

아침 해가 하늘에서 떠오르는 기세를 표현한 것으로, 생동하는 기운이 강함, 또는 그러한 기세를 뜻한다.

예 지난해 상금왕과 2008 바둑대상 최우수상을 차지한 그는 연초에도 잇딴 승전보를 전해주며 전성시대를 활짝 여는 듯 했지만 2월부터는 1인자다운 旭日昇天의 기세는 찾아볼 수가 없다.
〈스포츠서울, 2009.06.02〉

結者解之

맺은 사람이 풀어야 한다는 뜻으로, 원인을 제공한 사람이 책임을 지고 해결해야 한다는 뜻.

예 그게 어렵다면 結者解之 차원에서 공단을 폐쇄하고 입주기업을 철수시키며 기업들의 피해를 전적으로 보상할 특단의 대책을 세울 것을 촉구한다. 〈노컷뉴스, 2009.06.25〉

百折不屈

백 번 꺾여도 굽히지 않는다는 뜻으로, 어떤 난관에도 결코 자신의 의지를 굽하지 않음을 가리킨다.

예 태권도는 예의, 인내와 극기, 百折不屈의 정신을 배우고 익히는 운동으로 태권도의 맥은 바로 품새에 있다. 〈오마이뉴스, 2007.08.21〉

螳螂拒轍

사마귀가 수레바퀴에 맞선다는 뜻으로, 제 역량은 생각하지 않고 강한 상대나 성사되기 어려운 일에 무모하게 덤벼드는 행동을 비유할 때 쓰인다.

예 그는 또 螳螂拒轍의 고사를 인용하며 청와대가 다시 민심에 반하는 행동을 하게 될 경우 역사의 수레바퀴 앞에 선 맹랑한 사마귀 꼴을 면치 못할 것 이라고 경고했다. 〈뉴시스, 2007.11.22〉

前人未踏

앞 사람이 가보지 못하거나 해 보지 못했다는 뜻으로, 이제까지 누구도 하지 않은 일을 가리킨다.

예 올해 프랑스오픈에서 우승컵을 거머쥐며 그랜드 커리어슬램을 달성한 페더러가 윔블던 4강에 오르면서 메이저대회 통산 15회 우승이라는 前人未踏의 경지에 다가섰다. 〈경향신문 2009.07.02〉

생활 속의 한자

忍耐

인간이 만물의 靈長이 된 것은 理性을 지니고 있기 때문이다. 격한 감정을 누르고 어려움을 참아야만 이성적으로 처신할 수 있다. 참지 못하고 감정대로 행동하다간 돌이킬 수 없는 잘못을 저지르게 된다.

忍一時之忿, 免百日之憂. 『明心寶鑑』
(한때의 분함을 참으면 백일동안 근심에서 벗어날 수 있다.)

현대인에게는 인내심이 부족한 것 같다. 물질적 풍요에만 몰두한 나머지 정신적 여유를 잃어버린 채 사람들은 갈수록 조급해지고 있다. 사소한 일에도 참지 못하고 짜증을 부리며 점점 포악해져가고 있다. 순간적인 감정을 참지 못해 일어나는 흉악한 범죄가 끊이지 않고 있다. 忍耐心을 길러 理性을 되찾아야 한다. 감정이 격해지거든 눈을 지그시 감고 인내라는 말을 떠올려보자. 옛말에 忍이라는 글자를 세 번 생각하면 殺人을 면할 수 있다고 하지 않았던가.
지금도 어디선가 감정을 참지 못하고 벌겋게 가열되어 있는 사람들이여, 사람답게 살기 위해서 이런 말을 가슴에 새겨두자.

非人不忍, 不忍非人. 『明心寶鑑』
(사람이 아니면 참지 못하고 참지 못하면 사람이 아니다.)

瓦解

예전에 흙을 구워 만든 기와는 그 강도가 그리 단단하지 못했다. 거기다가 기와는 강한 햇빛과 세찬 비바람에 노출되어 있기 때문에 시간이 흐를수록 강도는 급격하게 떨어지게 마련이다. 이런 상태에서 약간의 압력만 가해도 기와는 이내 허물어져 버리고 만다. 이와 같이 어떤 조직이나 계획 등이 기와처럼 쉽사리 깨어지고 흩어지는 경우를 와해라고 한다.

握權則赴者鱗集, 失寵則散者瓦解. 潘尼 「安身論」
(권력을 잡으면 고기들이 모여들 듯 사람들이 다가오고 총애를 잃으면 기와가 허물어지듯이 사람들은 모두 흩어져 버린다.)

예나 지금이나 이리저리 권력을 좇아다니며 一身의 榮華를 꾀하는 무리들이 있다. 이런 기회주의자들은 자신이 가는 길에 방해가 되는 것은 무엇이든 제거해버린다. 하지만, 權不十年이라고 하지 않았던가. 영원히 지속될 것 같지만 권력은 오래가지 못하는 법이다.

말로는 국민을 위한다고 하면서 권력 챙기기에 여념이 없는 자들이여, 진실로 그대들 삶이 瓦解되길 원하는가.

龜鑑

거북은 四靈 가운데 하나로 기린, 봉황, 용과 더불어 신령스러운 동물로 알려져 왔다. 그리고 鶴과 함께 長壽를 상징하는 동물로 일컬어지기도 한다. 한편, 거북은 인간의 吉凶을 점치는데도 활용되었다. 곧, 거북의 등껍질에 열을 가해 금가는 방향에 따라 미래의 일을 예측했다고 한다. 그러니까 거북은 인간의 길흉이나 미래의 일을 예측하는 본보기로 활용된 셈이다. 거울은 사물의 모습을 있는 그대로 비추기 때문에 이것 역시 어떤 일의 본보기로 삼을 수 있다.

聚古今之精英, 實治亂之龜鑑 蘇軾 「乞校正奏議箚子」
(고금의 밝고 아름다운 것을 모으니 실제로 어지러움을 다스리는 귀감이 된다.)

최근 애정이나 성적 때문에 목숨을 끊는 청소년들이 늘어가고 있다. 이렇게 된 데는 여러 가지 원인이 있겠지만 청소년들이 귀감으로 삼을 만한 어른들이 점차 줄어들고 있다는 것도 하나의 원인이 되었을 것이다.

나이나 들먹이고 威勢 부린다고 어른이 되는 건 아니다. 그대들, 진정 어른으로 대접받기를 원한다면 먼저 아이들에게 龜鑑이 될 만한 언행을 보여야 한다.

1. 다음 漢字의 音과 訓을 쓰시오.

▫勝　　□猛　　□激　　□奮　　□轉　　□擊　　□鬪

▫揮　　□負　　□鬱　　□脚　　□矜　　□穫　　□拳

▫排　　□籠　　□拍　　□頃　　□拘　　□呼　　□橫

2. 다음 漢字의 部數를 쓰시오.

▫梁 :　　□募 :　　□亨 :　　□夢 :　　□更 :　　□慶 :　　□穀 :

3. 다음 漢字의 讀音을 쓰시오.

□感激(　　)　□瞬間(　　)　□選擇(　　)　□適合(　　)　□細部(　　)

□廣告(　　)　□露出(　　)　□競技(　　)　□評價(　　)　□特徵(　　)

□顧客(　　)　□信賴(　　)　□銳敏(　　)　□認識(　　)　□後援(　　)

□契約(　　)　□戰略(　　)　□蹴球(　　)　□越等(　　)　□販促(　　)

□對抗(　　)　□應援(　　)　□優劣(　　)　□確保(　　)　□投擲(　　)

□抱擁(　　)　□席捲(　　)　□躊躇(　　)　□蹂躪(　　)　□關鍵(　　)

□審判(　　)　□蝶泳(　　)　□讚辭(　　)　□突破(　　)　□跳躍(　　)

4. 다음의 音과 訓에 해당하는 漢字를 쓰시오.

①함께 구　　②도타울 돈　　③도울 부　　④범할 범　　⑤고요할 적

⑥기릴 예　　⑦쾌할 쾌　　⑧가득찰 만　　⑨차례 번　　⑩저울대 형

5. 다음 ( )에 訓이 반대(또는 對立)되는 한자를 넣어 單語를 완성하시오.

①( )減　　②( )寡　　③( )悲　　④( )背　　⑤( )賤

⑥( )散　　⑦( )假　　⑧( )重　　⑨( )賓　　⑩榮( )

⑪陰( )　　⑫伸( )　　⑬( )非　　⑭( )衰　　⑮( )給

⑯新( )　　⑰( )失　　⑱( )危　　⑲( )負　　⑳( )夕

6. 다음 빈 칸에 알맞은 한자를 넣어 漢字成語를 완성하시오.

①千( )萬象　②山海( )味　③刮目相( )　④朝( )夕改　⑤走馬( )山

⑥絶海( )島　⑦有( )無患　⑧泥田鬪( )　⑨累( )之危　⑩( )下不明

❏ 다음 글을 읽고 물음에 답하시오.

> 　2002년 한일월드컵 때 4강 신화를 창조하는 데 앞장섰던 박지성은 히딩크 **감독❶**을 따라 에인트호벤에 입단했으나 히딩크 감독의 挽留(①)를 뿌리치고 맨유에 입단해 잉글랜드 프리미어 리거로서 성공시대를 열었다. 이후 둘이 **공식❷**적인 자리에서 만날 기회는 없었다. 박지성은 이날 히딩크 감독과 만남의 시간을 가지면서 "**정확❸**히 언제 히딩크 감독을 만났는지 記憶(②)이 안 난다."고 말문을 연 뒤 "이렇게 다시 만나 기쁘다."고 소감을 전했다. 검은색 正裝(③) 차림의 히딩크 감독 역시 "여기에서 옛 선수들을 만나 반갑고 놀랍다."면서 "박지성과 이영표는 유럽으로 데려간 선수인데 에인트호벤에서 영국으로 갔고 지금은 어린 선수들에게 **성공❹** 모델이 됐다"고 稱讚(④)을 아끼시 않았다. 히딩크 감독은 이어 "박지성과 이영표는 개인적으로도 위대한 **업적❺**을 이뤘고 한국축구 發展(⑤)에도 좋은 일이 아닌가 생각된다."고 덧붙였다.
>
> 〈세계일보〉

7. 윗글 ①~⑤에 적절한 讀音을 넣으시오.

□ 윗글 ❶~❺의 한자 표기가 올바른 것을 고르시오.

  8. ❶감독 : ㉠鑑讀　　㉡監督　　㉢監毒　　㉣減篤　　㉤監篤

  9. ❷공식 : ㉠公式　　㉡共式　　㉢空飾　　㉣公息　　㉤工食

10. ❸정확 : ㉠精確　　㉡貞確　　㉢正確　　㉣正擴　　㉤定確

11. ❹성공 : ㉠盛恭　　㉡成攻　　㉢聖功　　㉣星空　　㉤成功

12. ❺업적 : ㉠業迹　　㉡業的　　㉢業迪　　㉣業績　　㉤業蹟

□ 다음에 주어진 한자의 略字를 쓰시오.

13.寫(　　)　　　14.鹽(　　)　　　15.黨(　　)　　　16.醫(　　)　　　17.貳(　　)

□ 다음에 주어진 단어의 뜻을 간략하게 서술하시오.

18.暗行 :

19.違約 :

20.應試 :

漢字 쓰기

학과(부)	학번	이름	담당교수

激烈
힘찰 격 강렬할 렬

擊破
때릴 격 깨뜨릴 파

奮鬪
떨칠 분 싸울 투

越等
넘을 월 가지런할 등

抛棄
던질 포 버릴 기

選拔
가릴 선 뺄 발

豫選
미리 예 가릴 선

延長
늘일 연 길 장

逆轉
거스를 역 구를 전

強靭
굳셀 강 질길 인

학과(부)	학번	이름	담당교수

矜持
불쌍히여길 긍 　 가질 지

鐵脚
쇠 철 　 다리 각

快擧
쾌할 쾌 　 들 거

抑壓
누를 억 　 누를 압

投擲
던질 투 　 던질 척

携帶
끌 휴 　 띠 대

捕獲
사로잡을 포 　 얻을 획

喊聲
고함 함 　 소리 성

蹂躪
짓밟을 유 　 짓밟을 린

審判
살필 심 　 가릴 판

國·漢文의 傳統과 현실적 교육 상황

20세기 초반까지 우리는 漢文을 국가에서 公式的으로 인정한 거의 유일한 表記手段으로 활용하였다. 따라서 우리는 지난날 말은 우리말이 국어요 글은 한문이 국문이었던 二重言語體系였음을 謙虛하게 認定하고 받아들여야 하며, 이를 인정한 바탕 위에서 비로소 과거의 어문생활 뿐만 아니라 현재까지 持續되고 있는 한문과 한글의 깊은 相互作用 속에서 派生된 수많은 언어 현상들을 온당하게 研究하고 敎育할 수 있는 방안을 마련할 수 있을 것이다.

그러나 20세기 이후 우리의 한문 교육은 역사적 위상에 걸맞는 합당한 자리를 확보하지 못하고 지금까지 跛行을 거듭하고 있다. 甲午更張 직후 교육의 중심부에서 離脫하기 시작한 한문은 일제시대에는 한글과 함께 일본어에 그 자리를 내 주었고, 광복 이후에는 한글 교육을 위해 마땅히 淸算해야 할 대상으로 置簿되어 공교육에서 집요하게 排除되었다. 3~5차 교육과정 동안 이런 사정이 일부 改善되는 듯하였지만, 6~7차 교육과정 개편을 거치면서 국어는 국어대로 한문과 아랑곳없이 자체적 同種繁殖만 反覆하고, 한문은 한문대로 正體性과 歸屬性이 문제가 되어 다시 深刻한 危機에 몰리는 形局이 된 것이다.

앞으로 과제는 이런 잘못을 시정하는 일부터 시작해야 할 것이다. 먼저 한글만 국문이라고 주장하는 고집스러운 태도를 버리고 한문이 古典國文이었음을 당당하고 謙虛하게 認定해야 한다. 그리고 한문교육의 목적을 분명히 함으로써 한글專用의 대원칙에 疑懼心과 是非가 다시 생기지 않노록 해야 한다. 이런 두 가지 전제 위에서 저절한 시기에 한문을 국어와 통합하여 우리의 언어전통에 符合하는 均衡 잡힌 어문교육의 틀을 새로 마련해야 한다. 그렇지 않고 현재와 같은 상황이 계속 持續된다면 국어는 국어대로 우리의 言語傳統과 완전히 遊離된 채 당장 필요한 실용언어나 가르치는 矮小한 교과로 轉落할 것이고, 한문은 한문대로 正體性이 불분명한 교과로 漂流하다가 정상적 교육과정에서 배제되는 최악의 狀況을 맞이할 수도 있다. 우리는 바로 이 점을 가장 警戒해야 한다.

황위주, 『한문교육연구 22집』(한국한문교육학회, 2004)

  홈 스쿨을 하는 열일곱 살과 열아홉 살 少年 둘이 우리 집에 왔었다. 生態的인 生命農業을 중심으로 닷새 동안 살다 갔는데 아주 재미있는 놀이를 하나 했다. 스승 삼기 놀이였다. 모내기 하는 날 우리 집에서 한솥밥을 먹은 사람은 모두 아홉 명이었다. 겨우 일곱 마지기 논에 移秧器로 모를 내는데 많은 사람들이 모인 것이다. 서울서 두 사람. 咸陽, 水原, 全州에서 각각 한 사람씩 왔었다. 두 소년과 나, 그리고 우리 아들. 이렇게 모인 아홉 사람은 저녁을 끝내고 찻상에 둘러앉았다. 普洱茶를 마시면서 놀이를 시작했다. 몇 사람은 돌아갔지만 십대 중반에서 오십대 중반까지인 여러 層位의 사람들이 같이 할 수 있는 놀이를 고르다가 시작한 스승 삼기 놀이는 期待 이상의 感動과 재미를 주었다. 놀이방법은 아주 簡單하다. 돌아가면서 아무나 한 사람을 스승으로 삼아서 平素에 품고 있는 疑問과 苦悶을 지극한 尊敬과 믿음으로 여쭙는 것이었다. 스승이 된 사람은 精誠을 다 해서 解答을 주는 식이다. 오십 세인 아저씨가 물었다. "自由라는 것은 내 하고 싶은 것을 하면서도 남에게 被害 주지 않는 것이라고 여기는데 그게 참 쉽지가 않습니다." 열일곱 살 소년 스승이 한참 쑥스러워 하다가 對答을 했다. "사람이 안 자유로울 때도 있는 거 아녀요? 자유로워야 된다고 너무 거기에 얽매이지 않으면 될 거 같은데요." 이 말을 듣고 오십 살 아저씨는 恭遜하게 合掌을 해 보였다. 열아홉인 내 아들이 스승이 되었다. 내 차례가 되어 質問을 했다. "子息이 하고자 하는 것이 마음에 안 들 때가 있는데 그럴 때는 남의 자식이면 차분하게 客觀的일 수 있으나 제 자식이라는 것 때문에 感情이 앞서기도 합니다. 어떻게 해야 하나요?" 낮에 논에서 같이 일 하면서 있었던 아들과의 다툼이 부끄럽게 떠올라서 하게 된 質問이었다. 아들 스승님이 잠시 생각을 고르더니 대답을 했다. "자식도 같은 생각을 할 것입니다. 자기가 하고자 하는 일이 부모 마음에 안 들 수도 있다는 것을 알고도 차마 어렵게 입을 열었을 것입니다. 그래서 罪悚했을 것입니다. 그 사실을 認定하기만 한다면 그 다음은 잘 될 것 같습니다." 이 대답을 하는 아들의 눈에 물기가 어렸다. 내가 窮理 끝에 이 놀이를 제안했던 것은 우리 아들도 홈 스쿨을 하는지라 모든 이를 스승으로 여기고 세상 곳곳을 학교 삼았으면 해서였는데 정작 이 놀이에 參與한 어른들이 더 좋아했다. 널리 傳播할 만한 놀이로 여겨진다.

〈오마이뉴스〉

☀ 大學 教養漢字 教育의 目標와 方向

현재 大學 教養 漢字(漢文) 教科는 국가 주도의 통일된 교육 課程에 의해 運營되는 中等漢文教育과 달리 각각의 教育理念과 特性에 따라 자유롭게 개설 運營되는 특징이 있다. 또한 漢字資格證 取得과 같은 외적 요구에 의해 개설된 교과로서 대학 교양 교육의 일반적 목표와 符合하지 않는 현실반영적 교과이기도 하다. 따라서 외적 요구에 변수가 나타는 순간 存廢의 위기에 내몰릴 確率이 다른 어떤 교과보다 큰 教科인 것이다. 따라서 일반교양교육의 목표에 符合하는 성격과 위상을 확보하는 일이 시급한데, 이를 위해서는 무엇보다 한자교육에 관한 교수자들의 認識을 轉換하고 유효한 교수–학습 방법을 개발하여 적용하도록 하여야 한다. 또한 한자에 관한 다양한 접근 방식과 연구 성과를 활용함으로써 사전적 지식을 단순히 전달하는 수업이 아니라, 지적 探究의 喜悅을 맛보고 각자의 專攻 分野에 적용할 수 있도록 학생들의 능력을 啓發할 수 있어야 한다.(中略)

미디어에는 잊혀질만하면 한 번씩 대학생들의 실망스러운 한자 실력을 다룬 기사가 실리곤 한다. 한자는 장구한 세월을 거쳐 오는 동안 우리의 말과 글의 일부가 된 문자이다. 따라서 한자를 알면 우리의 歷史와 文化를 이해하고 언어생활을 豊饒롭게 하는 데 적지 않은 도움이 되는 것 또한 분명하다. 하지만 그렇다고 해서 한자를 모르면 우리의 역사나 문화를 이해하고 豊饒로운 언어생활을 영위할 수 없다는 이유가 되지는 않는다. 굳이 한자로 된 텍스트가 아니더라도 우리의 역사와 문화를 배울 수 있는 방법은 얼마든지 있다. 國漢文混用이 일반적이던 시절에는 한자를 어느 정도 알아야 글을 읽을 수 있었지만, 한글專用이 대세인 지금은 한자를 몰라도 큰 불편을 느끼지 못하는 시대가 되었다. 한자가 必須가 아닌 選擇의 문제가 되었음에도 여전히 이런 기사가 나오는 이유는 과연 무엇 때문인가.

우리는 외국어를 학습할 때면 해당 언어로 얼마나 원활하게 疏通할 수 있는가에 焦點을 맞춘다. 하지만 한자를 학습할 때는 원활한 意思疏通만이 아니라 역사·전통·민족·문화 등과 같은 비언어적인 부분에서도 補償을 얻으려고 한다. 그래서 한자를 모르면 단지 한자 실력이 부족하다고 여겨지고 마는 것이 아니라 우리의 역사와 전통, 민족과 문화에 무지한 사람으로 취급받는 것이다. 부모의 이름도 한자로 쓸 줄 모른다고 慨嘆하는 기사도 바로 이런 脈絡에 놓인 것이라고 할 수 있다.

그런데 이런 기사는 대개 '부모 이름도 제대로 못 쓰는 학생이 몇 %'라거나, '무슨 무슨 글자도 못 쓰더라.'하는 식이지, 유의미한 統計나 數値를 제시하는 데에는 관심이 없다. 중·고등학교 한문교과의 位相이 어떠한지, 선행학습은 얼마나 이루어졌는지, 專攻은 무엇이고 관심분야는 무엇인지 따위는 眼中에도 없이 皮相的인 결과만 가지고 대학생들을 나무라려 든다면 그 의도야 어찌 되었든 얽힌 실타래 같은 한자·한문 교육을 정상화하는데 어떤 도움도 되지 않는다.

김우정, 「대학 교양 한자 교육의 목표와 방향」(『한자한문연구』 3호. 2007)

한자와 이야기

"아들아, 밖에 나가 놀아라."

세계적인 甲富인 빌 게이츠가 아버지에게서 받은 최고의 忠告는 이것이었다. '공부하라'가 아니라 '놀아라'였다. 늘 방에 틀어박혀 있던 社交性 없는 아들에게 새로운 것에 挑戰해보라는 의미였다. 게이츠 부자는 최근 파리에서 미국 경제잡지 포천과 '아버지의 날'을 기념해 인터뷰했다. 포천은 게이츠 父子를 아주 獨特한 부자 관계라고 소개했다.

올해 53세인 빌 게이츠는 작년 6월 마이크로소프트의 日常 勤務에서 물러났고 83세인 아버지 게이츠는 1998년 시애틀의 저명한 법률회사인 프레스턴 게이츠&엘리스(K&L게이츠)에서 隱退했다. 모두 慈善財團에서 제2의 인생을 찾고 있는 게 공통점이다.

게이츠는 "부모님은 어릴 때부터 내가 잘하지 못하는 것을 하도록 북돋워줬다"며 "당시에는 그 이유를 몰랐지만 내가 잘하는 것에만 매달리는 대신 내가 잘하지 못하는 일이 많다는 것을 깨닫게 해주었다"고 말했다. 게이츠는 그러나 자신을 "固執 세고 키우기 쉽지 않은 아이"라고 설명했다. 반면 아버지가 생각하는 아들은 "훌륭한 市民이자 卓越한 事業家"였다.

아들이 밀어붙이는 스타일이라면 아버지는 知慧의 목소리를 내는 愼重한 타입이다. 게이츠는 아버지가 늘 새로운 일에 대해 激勵해줬다고 말했다. 하버드대학을 그만두겠다고 했을 때도 아버지는 크게 놀라지 않았다. 아버지 게이츠는 "처음에는 얼마간 떠났다가 돌아가겠다고 했다. 傍點은 돌아오시겠나는 데 있었다"며 "돌아온 후 두 번째는 會社가 있는 곳으로 가 거기서 일을 더 해야겠다고 했다. 두 번째가 훨씬 걱정스러웠다"고만 말했다.

게이츠는 스승인 워런 버핏 버크셔 해서웨이 회장에게서 일을 單純化하는 그의 솜씨에 놀랐다고 말했다. "그의 日程表를 보면 징말이지 簡單히다. 일을 要約해내는 그의 능력은 천재적이다." 잡지는 "게이츠 부자는 서로 相談하고 助言하는 사이지만 당연히 오랫동안 아버지가 아들에게 중요한 助言을 해왔다"고 밝혔다.

〈매일경제〉

한자성어

愚公移山

우공이 산을 옮긴다는 뜻으로 『列子』「湯問」편에 나온다. 어떤 일이라도 조금씩 끊임없이 노력하면 결국 성취한다는 의미이다. =磨斧作針

> **예** 정치권에서는 알렉산더처럼 고르디우스의 매듭을 끊어버릴 '果斷性'도, 정치권에서 자주 쓰는 愚公移山의 '꾸준함'도 보이지 않는다. 〈헤럴드경제, 2008.08.07〉

多岐亡羊

길이 많아서 양을 잃어버렸다는 말로, 학문을 연구하는데 그 목적을 망각하고 다른 생각을 한다면 여러 갈래의 길 때문에 양을 잃어버림과 같음을 비유. 『列子』「說符篇」. =亡羊之歎.

> **예** 정부는 그동안 보여줬던 경제정책의 多岐亡羊에서 벗어나 장기적인 관점에서 국내 경제성장 정책의 철학과 전략을 수정해야 한다. 〈정경뉴스, 2009.06.04〉

溫故知新

『論語』「爲政」편에 나오는 말로, 옛 것을 익히고 그것을 바탕으로 새것을 안다는 뜻이다. 지난날 배운 것을 거듭 반복해 익히면, 그전에는 몰랐던 새로운 지식을 얻게 됨을 의미한다.

> **예** 溫故知新의 진정한 의미는 살아남은 경쟁력 있는 古典을 통해 우리가 나아가야 할 바의 기초를 다지자는 뜻이다. 〈머니투데이, 2009.07.01〉

切磋琢磨

『詩經』에 나오는 말로 옥이나 돌을 자르고 깎고 쪼고 간다는 뜻이다. 전하여 학문이나 수양에 온 힘을 기울인다는 뜻으로 사용된다.

> **예** 주니어 시절부터 점프가 장기인 마오와 표현력이 풍부한 연아, 서로 切磋琢磨할 수 있는 좋은 라이벌로 보는 사람도 많았던 것이 분명하다. 〈한겨레21, 2009.04.10〉

手不釋卷

『三國志』「吳志」〈呂蒙傳〉에 나오는 말로 손에서 책을 놓지 않는다는 뜻이다.

> **예** 지긋하신 그 연세에도 여전히 세상과 학문에 관심을 가지고 늘 手不釋卷하시는 모습이 곁에 있는 사람을 겸허하게 만든다. 〈오마이뉴스 2007.12.27〉

刮目

　중국 삼국시대 오나라 孫權의 부하인 呂蒙은 孫權을 도와 혁혁한 전공을 세워 마침내 장군이 되었다. 그런데 그는 무예에는 출중했지만 학문에 힘쓰지 않아 무식하기 이를 데 없었다. 이에 손권은 그에게 학문에 매진할 것을 충고했다. 그 후 어느 날, 당대 최고의 학자 盧肅이 여몽과 대화를 나누어보고는 그의 박식함에 깜짝 놀랐다. 그리하여 노숙은 여몽에게 '이게 어찌된 일인가'라고 물었다. 그러자 여몽이 '士別三日 卽更刮目相對'『三國志』:선비는 헤어진 지 사흘이 지나면 곧 다시 눈을 비비고 대해야 한다)'라고 대답했다.

　단 사흘이 지나더라도 사람은 뭔가 새롭고 발전된 점이 있어야 한다는 뜻이다. 그러자면 남다른 노력과 뼈를 깎는 고통이 뒤따라야 한다. 이처럼 刮目은 눈을 비비고 다시 자세히 볼 만큼 상대방의 식견이나 실력이 진전된 경우에 곧잘 쓰인다.

　그럭저럭 시간이나 때우면서 이어가는 삶이라면 무슨 의미가 있겠는가. 오늘 나는 어제보다 괄목할 만한 발전이 있었는지 눈비비며 스스로를 살펴볼 일이다.

鞭撻

　채찍은 가죽으로 만든 매로 말을 급하게 달리게 할 필요가 있을 때 주로 사용되었다. 말에게 있어 채찍은 숙명적인 것이지도 모른다. 오죽했으면 '走馬加鞭'(달리는 말에 채찍 가하기)이라는 말까지 생겼겠는가. 한편, 노비가 주인의 말을 잘 듣지 않거나 잘못을 저질렀을 때에도 채찍으로 체벌을 가했다는 기록이 옛 문헌에 자주 보인다.

　鞭撻奴婢, 皆得其過. 『風俗通』
　(남자종과 여자종을 채찍으로 때린 것은 그들이 모두 잘못을 저질렀기 때문이다.)

　중세 봉건사회에서 주인은 改過遷善의 차원에서가 아니라 자신의 분노를 푸는 일환으로 노비에게 무자비한 채찍질을 가하는 경우가 非一非再했다. 이러한 채찍질은 이미 체벌이 아니라 폭력인 셈이다.

　그렇다고 敎鞭마저 無用之物이 되는 것은 결코 아니다. 화난 감정을 갖고 채찍을 들면 그것은 폭력의 매가 되지만 학생을 아끼는 마음으로 드는 채찍은 사랑의 매가 될 것이다. 젊은이들이 脫線하지 않고 바른 길로 나아가도록 指導鞭撻하는 일에 우리 모두가 나서야한다.

助長

　'助長'은 글자대로 풀이하면 자라는 것을 도와준다는 뜻이다. 그러나 실제로는 이와는 반대로 억지로 도와 성장을 해친다는 의미로 쓰인다. 이와 관련된 이야기가 〈孟子〉에 실려 있다.

　어떤 송나라 사람이 벼 싹을 살피러 논에 갔다가 벼 싹이 잘 자라지 못하는 것을 안타깝게 여겨 그 벼 싹을 위로 뽑아놓고 집으로 돌아왔다. 그리고는 집안사람들에게 '오늘 나는 매우 피곤하다. 나는 벼 싹이 잘 자라도록 도와주고 왔다'고 했다. 이에 그 아들이 달려가 보았더니 벼 싹은 이미 바싹 말라 있었다.

　맹자는 이런 일화를 소개하면서 '천하에 벼 싹이 자라도록 억지로 조장하지 않는 자가 적으니 이는 유익함이 없을 뿐만 아니라 도리어 성장을 해치는 것(天下之不助苗長者,寡矣, 非徒無益, 而又害之)'이라고 논평한 바 있다. 그렇다. 급성장만을 염두에 둔다면 이와 같은 억지스럽고 어리석은 행동이 돌출되기 십상이다.

　그동안 우리는 경제성장을 제일의 목표로 삼아 달려왔다. 그 과정에서 혹시 우리도 宋人과 같은 어리석음을 저지르지는 않았을까?

1. 다음 漢字의 음과 訓을 쓰시오.

▫試　　□査　　□救　　□援　　□算　　□提　　□徵

▫敦　　□博　　□均　　□圈　　□哲　　□逍　　□費

▫訛　　□據　　□招　　□遷　　□討　　□概　　□熱

2. 다음 漢字의 部數를 쓰시오.

▫半 :　　□男 :　　□當 :　　□鹿 :　　□鳴 :　　□垂 :　　□辨 :

3. 다음 漢字의 讀音을 쓰시오.

▫移秧(　　　)　□普餌(　　　)　□層位(　　　)　□疑問(　　　)　□苦悶(　　　)

▫尊敬(　　　)　□精誠(　　　)　□恭遜(　　　)　□認定(　　　)　□傳播(　　　)

▫特殊(　　　)　□銓衡(　　　)　□劇藥(　　　)　□指導(　　　)　□補充(　　　)

▫模擬(　　　)　□誇張(　　　)　□診斷(　　　)　□成績(　　　)　□效驗(　　　)

▫敍述(　　　)　□緊縮(　　　)　□講義(　　　)　□淺近(　　　)　□急增(　　　)

4. 다음의 음과 訓에 해당하는 漢字를 쓰시오.

①기를 육　　②굳을 견　　③남길 유　　④다할 궁　　⑤따뜻할 난

⑥경영할 영　　⑦모양 양　　⑧베풀 선　　⑨쓸　소　　⑩사례할 사

5. 다음 (　)에 訓이 반대(또는 對立)되는 한자를 넣어 單語를 완성하시오.

①(　)姪　　②(　)濁　　③(　)樂　　④(　)鄕　　⑤(　)直

⑥(　)伏　　⑦(　)凶　　⑧(　)續　　⑨(　)易　　⑩當(　)

⑪動(　)　　⑫무(　)　　⑬(　)閑　　⑭(　)買　　⑮(　)暗

⑯尾(　)　　⑰(　)官　　⑱(　)薄　　⑲(　)婦　　⑳(　)益

6. 다음 (　)에 訓이 같은 한자를 넣어 單語를 완성하시오.

①(　)得　　②(　)息　　③(　)常　　④(　)賣　　⑤(　)友

⑥(　)晝　　⑦(　)除　　⑧(　)送　　⑨(　)育　　⑩道(　)

❏ 다음 글을 읽고 물음에 답하시오.

　　미디어에는 잊혀질만하면 한 번씩 대학생들의 실망스러운 한자 실력을 다룬 기사가 실리곤 한다. 한자는 장구한 세월을 거쳐 오는 동안 우리의 말과 글의 일부가 된 문자이다. 따라서 한자를 알면 우리의 역사와 문화를 이해하고 언어생활을 **豊饒(①)**롭게 하는 데 적지 않은 도움이 되는 것 또한 분명하다. 하지만 그렇다고 해서 한자를 모르면 우리의 역사나 문화를 이해하고 풍요로운 언어생활을 영위할 수 없다는 이유가 되지는 않는다. ㉠**굳이 한자로 된 텍스트가 아니더라도 우리의 역사와 문화를 배울 수 있는 방법은 얼마든지 있다.** 국한문혼용이 일반적이던 시절에는 한자를 어느 정도 알아야 글을 읽을 수 있었지만, 한글 전용이 대세인 지금은 한자를 몰라도 큰 불편을 느끼지 못하는 시대가 되었다. 한자가 필수가 아닌 선택의 문제가 되었음에도 여전히 이런 기사가 나오는 이유는 과연 무엇 때문인가.

　　미디어에는 잊혀질만하면 한 번씩 대학생들의 실망스러운 한자 실력을 다룬 기사가 실리곤 한다. 한자는 장구한 세월을 거쳐 오는 동안 우리의 말과 글의 일부가 된 문자이다. 따라서 한자를 알면 우리의 역사와 문화를 이해하고 언어생활을 **豊饒(①)**롭게 하는 데 적지 않은 도움이 되는 것 또한 분명하다. 하지만 그렇다고 해서 한자를 모르면 우리의 역사나 문화를 이해하고 풍요로운 언어생활을 영위할 수 없다는 이유가 되지는 않는다. **㉠굳이 한자로 된 텍스트가 아니더라도 우리의 역사와 문화를 배울 수 있는 방법은 얼마든지 있다.** 국한문혼용이 일반적이던 시절에는 한자를 어느 정도 알아야 글을 읽을 수 있었지만, 한글 전용이 대세인 지금은 한자를 몰라도 큰 불편을 느끼지 못하는 시대가 되었다. 한자가 필수가 아닌 선택의 문제가 되었음에도 여전히 이런 기사가 나오는 이유는 과연 무엇 때문인가.

우리는 외국어를 학습할 때면 해당 언어로 얼마나 원활하게 **疏通(②)**할 수 있는가에 초점을 맞춘다. 하지만 한자를 학습할 때는 원활한 의사소통만이 아니라 역사·전통·민족·문화 등과 같은 비언어적인 부분에서도 **補償(③)**을 얻으려고 한다. 그래서 한자를 모르면 단지 한자 실력이 부족하다고 여겨지고 마는 것이 아니라 우리의 역사와 전통, 민족과 문화에 무지한 사람으로 취급받는 것이다. 부모의 이름도 한자로 쓸 줄 모른다고 **慨嘆(④)**하는 기사도 바로 이런 **脈絡(⑤)**에 놓인 것이라고 할 수 있다.

그런데 이런 기사는 대개 '부모 이름도 제대로 못 쓰는 학생이 몇 %'라거나, '무슨 무슨 글자도 못 쓰더라.'하는 식이지, 유의미한 통계나 수치를 제시하는 데에는 관심이 없다. 중·고등학교 한문교과의 위상이 어떠한지, 선행학습은 얼마나 이루어졌는지, 전공은 무엇이고 관심분야는 무엇인지 따위는 안중에도 없이 피상적인 결과만 가지고 대학생들을 나무라려 든다면 그 의도야 어찌 되었든 ㉡**얽힌 실타래** 같은 한자·한문 교육을 정상화하는데 어떤 도움도 되지 않는다.

김우정. 「앞의 글」

7. 윗글의 ①~⑤에 해당하는 讀音이 올바르게 짝지어진 것을 고르시오.

  ㈎ 풍요-유통-보상-개탄-맥락

  ㈏ 여유-소통-보상-비탄-파각

  ㈐ 풍요-소통-보상-개탄-맥락

  ㈑ 여유-유통-보상-비탄-파각

  ㈒ 여유-소통-비상-비탄-파각

8. 윗글의 밑줄 친 ㉠에 해당하는 예가 아닌 것을 고르시오.

①思美人曲　　②辭說時調　　③興父歌　　④八萬大藏經　　⑤諺解十九史略

9. 윗글의 밑줄 친 ㉡과 뜻이 정반대인 한자성어를 고르시오.

①一絲不亂　　②一網打盡　　③結草報恩　　④斷金之交　　⑤昏定晨省

10. 다음 漢字成語의 풀이가 잘못된 것을 고르시오

①姑息之計 : 언 발에 오줌 누기　　　　②登高自卑 : 천리 길도 한 걸음부터

③金枝玉葉 : 불면 꺼질까, 쥐면 터질까　　④十匙一飯 : 백지장도 맞들면 낫다.

⑤難兄難弟 : 형 만한 아우 없다.

❑ 다음 한자의 略字를 쓰시오.

11. 學(　　)　　　12. 擇(　　)　　　13. 盡(　　)　　　14. 稱(　　)　　　15. 雜(　　)

漢字 쓰기

학과(부)	학번	이름	담당교수

特殊
수컷 특 · 끊어질 수

銓衡
저울질할 전 · 저울대 형

劇藥
심할 극 · 약 약

指導
가리킬 지 · 인도할 도

補充
기울 보 · 채울 충

模擬
따를 모 · 본뜰 의

誇張
자랑할 과 · 베풀 장

診斷
볼 진 · 끊을 단

成績
이룰 성 · 실타래 적

效驗
본받을 효 · 증험할 험

漢字 쓰기

학과(부)	학번	이름	담당교수

敍述
차례 서 지을 술

緊縮
팽팽할 긴 움츠릴 축

講義
익힐 강 의로울 의

淺近
얕을 천 가까울 근

急增
급할 급 더할 증

敦篤
도타울 돈 도타울 독

散漫
흩어질 산 질펀할 만

卓越
높을 탁 넘을 월

博識
넓을 박 알 식

添削
더할 첨 깍을 삭

환경의 이해

　環境의 語源에 대해서 김언종(고려대 한문학과 교수)은 『한자의 뿌리』(문학동네, 2001)에서 다음과 같이 말하였다. 社會 環境과 함께 環境의 양대 山脈을 이루는 自然 環境은 어느새 이 시대를 사는 모든 사람들의 무거운 話頭가 되었다. 환(環) 자에는 원래 구슬 玉(옥) 변이 없었다. 그 본자인 環(환)은 눈[目]과 옷[衣]과 둥근 옥[○]을 합한 글자로 '목에 걸어 늘어뜨린 고리형의 옥을 내려다보는 사람'의 상형이며, 본뜻은 '둥근 옥'이다. 왼쪽의 옥(玉)은 뒤에 환(環)이 옥임을 더욱 구체적으로 나타내기 위해 더해졌으며, 여러 파생된 뜻 가운데 '둘러싸다.'가 있다.

　境(경)은 '흙무더기'인 土(토)와 '관악기를 불고 있는 모양'을 상징하는 竟(경)을 합한 글자이다. 갑골문 竟(경) 자의 윗부분이 관악기, 가운데가 입, 아래가 사람인데 음악 연주가 끝났다는 의미로 쓰였으며, 여기에서 '끝나다' '다하다' 등의 의미가 파생되었다. 이 境(경)이 '토지[土]가 끝나는 [竟] 곳' 혹은 그런 곳까지의 땅이란 뜻이 되고, 國境, 境內, 境域, 地境 등에서 쓰이는 의미를 가지게 된 것은 너무나 자연스러운 것이다. 그러므로 환경의 뜻은 '둘러싼 지역' '주위의 땅'이 되겠다.

　『新唐書』「王凝傳」에 "이때 강남의 주위는 도적의 소굴이었다[時江南環境爲盜區]"는 용례가 처음 보이고, 『元史』「余闕傳」에 "주위에 보루를 쌓았다[環境築堡寨]"라는 용례도 보인다.

　지금에 와서도 環境이란 단어는 위의 어원과 비슷하게 영어 'environment'를 대체하는 뜻으로 많이 쓰인다. 그러나 문제는 애초 '환경 공학(environmental engineering)' '환경 디자인(environmental design)' '환경 관리(environment management)' 등의 비교적 긍정적 용어에서 출발한 이 글자가 이제는 '環境 汚染' '環境 破壞'등의 否定的이면서도 무시무시한 뜻에 더 親熟하다는 사실이다. 산악인 엄홍길 씨도 누차 강조했듯이, 自然은 우리가 정복해야 할 대상이 아니라 敬畏心을 가지고 공존할 수 있도록 하는 것이라고 했다. 지구의 환경오염이 얼마나 심각한 지 2009년부터는 기상청에서 장마 예보를 하지 않는다고 한다. 이제는 생각과 고민할 때가 아니라 작은 것 하나부터 실천해야 할 단계이다.
〈편집부〉

❋ 우포늪 세계 친환경 생태관광지로

昌寧郡은 제10차 람사르 總會의 성공적 開催의 餘勢를 몰아 국내에서 가장 오래된 자연 原始늪인 우포늪을 세계적인 親環境生態觀光地로 조성하는 방안이 추진된다. 大統領 直屬 國家持續可能發展委員會는 창녕군 우포늪과 강원도 인제군 DMZ를 생태관광지로 개발하기 위해 연구팀을 구성, 지난 달 24~25일 우포늪 현장을 踏査했다. 국가지속가능발전위원회는 2008 람사르 總會의 主舞臺였던 우포늪을 중심으로 창녕군 全域을 생태관광시범모델사업으로 진행하며 專門家 咨問을 얻어 用役팀에게 각종 자료를 提供함으로 창녕군이 추구하는 지속가능한 생태관광모델이 될 수 있도록 한다는 方針이다. 창녕군은 우포늪 일원에 水生植物團地, 川邊低流地, 국가濕地센터건립, 자연생태촌(民泊村), 자전거 一周體驗路, 散策路 및 森林浴場, 體育公園 등 探訪客에게 제공할 다양한 便宜施設과 국내 최고 水質과 水溫을 자랑하는 釜谷觀光溫泉特區, 산재한 문화재 등을 連繫한 벨트형 생태관광 투어를 構想하고 있다. 또 전국의 초·중·고등학교의 修學旅行團 誘致는 물론 생태교육 프로그램도 개발하는 등 '머무는 관광코스' 마련에 행정력을 집중하고 있다. 국가지속가능발전위원에서 용역 중인 우포늪 생태관광활성화 計劃은 금년 6월말 완료될 豫定이며 용역 결과에 따라 하반기부터 생태관광사업에 着手할 수 있을 것으로 보인다.

〈경남매일〉

❋ 지구온난화의 피해는 먼저 기후변화로

최근 유럽의 酷暑와, 미국을 강타한 카트리나 및 우리나라의 루사·매미 등의 颱風, 히말라야의 킬리만자로의 눈[雪]이 눈에 띄게 줄어든 것 등은 氣候 변화 현상의 하나로 인식되고 있다. 한 보고서에 따르면 지구평균 기온이 1.5~2.5℃ 상승할 경우 현존하는 생물종이 약 30%가 滅種 위기에 처하게 되며, 매년 수억 명이 물 부족으로 고통 받게 될 것이라고 展望하고 있어 기후변화는 인간뿐만 아니라 지구상 모든 생물체에게 생존의 문제가 되고 있다.

다음은 농업과 森林의 피해로써 熱帶와 赤道地域에서는 氣溫上昇에 의한 穀物生産量 감소가 예상되고, 전 세계적으로 穀物生産이 감소되어 세계 곡물 가격에 막대한 영향을 미치게 될 것이며, 寒帶 지역의 숲은 病蟲害의 분포가 擴張되고 乾燥 지역에서는 수분공급이 약화되어 산불에 의한 자연 피해가 예상되고 있다.

　최근 세계적으로 밀, 옥수수, 콩 등 곡물가가 急騰하여 세계 곡물 波動이 憂慮되는 원인으로 곡물 需要가 늘어나는 등 여러 요인이 있지만 地球溫暖化를 排除할 수는 없을 것이다. 그밖에도 海水面의 상승으로, 대규모 토지손실 및 濕地帶 감소로 물고기 등의 먹이 棲息處의 감소 등 생태계의 심각한 사태가 招來되어 沿岸지역 해수 汎濫과 폭풍피해 증가가 예상된다.

　전 세계는 지구온난화 문제를 가장 중요한 국제적인 관심사로 주목하고 있다. 세계는 지구온난화를 방지하기 위하여 '氣候 變化 協約'과 '교토의정서'라는 국제 환경 協約을 만들었으며, 주 내용은 온실가스 배출량을 '90년 수준 대비 8~10% 減縮하자'는 것으로 현재 우리나라를 포함한 170여개 국이 가입하였다.(중략)

　기업들은 電力 및 熱供給 설비의 高效率化, 생산공정 공통설비의 에너지 節約, 廢資源 활용 극대화, 신기술개발, 신·재생에너지 사용을 확대해나가야 할 것이며, 가정에서는 사용하는 전기, 열, 도시가스 등은 모두 二酸化炭素를 배출하는 과정을 거치므로 물, 전기 가스의 사용을 줄이는 운동이 필요할 것이다. 우리 후손들에게 물려줄 지구의 온난화 방지에 나부터, 작은 것부터 하나씩 실천해보는 것은 어떨까. 물과 전기를 아껴 쓰고 자동차 이용을 조금씩만 줄이며, 아나바다 같은 재활용을 열심히 하고, 이산화탄소 吸收源인 나무를 심고 가꾸는 일 등 말이다.

〈환경부〉

한자와 이야기

生態公園 이용자를 위한 規則

• 專門家와 함께 둘러보세요.

歷史를 모르고 遺蹟을 대하면 興味롭지 않듯, 生態 環境에 대한 지식이 부족하면 생태공원도 지루할 수밖에 없다. 단시일에 自然과 生物에 대한 공부를 마칠 수 없다면, 전문가와 함께 하는 프로그램에 參加하는 것이 좋다.

• 寫眞만 찍고, 건드리지는 마세요.

神奇하게 생긴 동식물을 보면 好奇心이 발동해, 손이 가기 일쑤다. 장난기 많은 어린이들은 꽃이나 가지를 꺾고 昆蟲을 잡으려고 애를 쓰는데, 이러한 행동은 생태계에 좋지 않은 影響을 미친다. 또한 정해진 길을 離脫해 식물 속으로 들어가는 것도 바람직하지 않다.

• 준비물을 꼭 챙기세요.

등산을 갈 때 登山靴와 登山服, 背囊을 꼼꼼하게 챙기듯이 생태 公園을 訪問하기 전에는 食水, 植物圖鑑, 돋보기, 望遠鏡, 筆記 道具 등을 持參한다. 이러한 준비물을 챙겨야 生態公園에서 더욱 재미있고 유익한 시간을 보낼 수 있다.

• 環境 保護의 價値까지 배우세요.

생태 교육의 목적은 단순히 꽃이나 나무의 이름을 외우는 것이 아니다. 인간이 살아가는 주변 環境을 후손에게 물려줄 수 있도록 環境을 保護하는 생활양식을 배우는 데 있다. 예를 들어 수질 汚染을 막으려면 샤워할 때 물을 적게 사용하고, 手巾도 너무 자주 갈지 않는 행동을 몸에 익히는 식이다.

● 최대한 걸어 다니세요.

生態公園은 최근 인기를 얻고 있는 '슬로시티' 여행지이다. 당연히 서두르지 않고, 천천히 걸어서 이동하는 것이 좋다. 徒步는 運動이 될 뿐만 아니라, 無料이고 環境에도 아무런 害를 끼치지 않는 등 장점이 매우 많다.

〈연합뉴스〉

한자성어

朝三暮四

아침에는 세 개, 저녁에는 네 개라는 뜻으로, 약은 꾀로 속이고 우롱하는 경우를 두고 이르는 말이다. 『列子』「皇帝」, 『莊子』「齊物論」

> **예** 새벽잠을 설치고 전국 각지에서 출발하여 오전 9시 40분까지 국회로 모였던 지방 교육위원들은 "朝三暮四가 안 되어야 할 텐데"하면서 일단은 안도의 한숨을 돌리고 귀향했다. 〈오마이뉴스 2009. 04.30〉

過猶不及

지나친 것은 미치지 못함과 같다는 뜻으로 中道를 지키라는 경계. 『論語』「先進」

> **예** 하지만 過猶不及이라고 너무 과도하고 화려한 스타일은 신뢰감을 떨어뜨릴 수 있으므로 조심해야 한다. 〈매일경제, 2009.06.09〉

自繩自縛

자기의 줄로 자기 몸을 묶는다는 뜻, 자기가 한 말과 행동에 도리어 자기 자신이 묶여서 곤란하게 됨.

> **예** 또 아직 부실화되지도 않은 은행들이 과연 스스로 정부의 자본 확충을 받아들여 '自繩自縛'하려 하겠느냐는 점도 걸림돌이다. 〈머니투데이, 2008.11.27〉

泉石膏肓

아름다운 자연의 경치를 뜻하는 말로, 자연의 경치를 사랑함이 고질이 되어 버렸다는 뜻. 『唐書』 「隱逸傳」

예 자연을 향한 泉石膏肓을 상징하는 것일까. 태양의 기운이 절정에 이르는 한낮의 자연이라는 작가의 설명이다. 〈한겨레신문 2008.04.24〉

煙霞痼疾

안개와 노을이 낀, 아름다운 자연의 경치에 대한 사랑이 고질이 되었다는 뜻. =煙霞之癖.

예 그러고도 마치 煙霞痼疾과도 같이 여행을 못 잊은 그는 씨에 프랑스에서도 여행 사업을 맡아 우리나라에서 최초의 유럽여행 패키지를 개발, 성공을 거두면서 여행업계에서 승승장구했다. 〈세계일보 2005.10.28〉

생활 속의 한자

彌縫

원래 미봉은 옷의 터진 부분을 임시로 꿰맨다는 뜻이다. 우선 급한 김에 서둘러 대충 꿰매두었기 때문에 그 부분이 언제 다시 터질지 모른다. 따라서 미봉은 臨時方便인 셈이다.

桓公是以糾合諸侯, 而謀其不協, 彌縫其闕, 而匡救其災. 『春秋左氏傳』
(노나라 환공은 제후들을 규합하여 서로 화합하지 못한데 대해 상의하고 빠진 부분을 임시로 메꾸어 나가면서 제후들을 재앙에서 구했다.)

이처럼 때로는 미봉책으로 사태를 해결한 경우도 있었다. 그러나 이것은 어디까지나 임시적이고 일시적인 방편일 뿐 근본적인 해결책은 아니다. 어려운 일에 부딪쳤을 때 그런 難局을 초래한 원인을 정확하게 포착해내는 일이 무엇보다 중요하다. 그래야만 실질적이고 근본적인 해결방안을 마련할 수 있기 때문이다.

지금 우리사회는 총체적인 난국에 빠져있다. 이런 때일수록 모두가 머리를 맞대고 지혜를 모아 근본적인 해결방안을 모색해야 한다. 섣부른 미봉책은 사태를 더욱 악화시킬 소지가 있다는 점을 명심하자.

煽動

활활 타오르는 불길에다 부채로 바람을 일으키면 불길은 더욱 맹렬해진다. 당연히 잡아야 할 불길인데도 오히려 바람을 일으켜 자꾸 번지게 한다면 여기에는 분명 개인적 黑心이 깔려있기 마련이다. 이처럼 사욕을 채우기 위해 마치 부채로 불길을 돋우듯 여러 사람을 부추겨 일을 일으키는 것을 선동이라고 한다.

更相煽動, 傾搖朝廷 『後漢書』

(또다시 서로 부추겨 일을 일으켜 조정을 흔들어 넘어지게 했다.)

여러 사람에게 영향을 미치는 公人, 특히 정치인이 자신의 이익을 챙기기 위해 국민을 선동할 경우 그 결과는 개인적 불행에서 그치지 않는다. 온 사회를 혼란의 渦中으로 빠뜨리고 마침내는 亡國에까지 이르는 파국을 불러오게 된다.

정치인들의 이런저런 선동에 넘어가는 국민의 수준이란 그런 저급한 정치인과 별반 다를 게 없다. 이번 대선을 계기로 우리 모두 성숙한 시민의식을 발휘하여 해묵은 선동정치를 뿌리째 뽑아내도록 하자.

拔萃

하나의 어휘가 여러 가지 의미로 쓰이는 경우가 더러 있는데 발췌라는 단어 역시 그런 예에 속한다. '拔'이라는 한자의 풀이에 따라 발췌의 의미는 두 가지로 나누어진다.

拔을 '뽑는다'라고 새길 경우 발췌는 필요한 부분을 가려 뽑는다는 뜻으로 쓰인다. 拔萃文, 拔萃案, 拔萃檢查 등의 어휘에서 그런 용례를 쉽게 접할 수 있다. 이처럼 발췌하는 이유는 일처리의 효율성을 높이기 위해서이다.

한편, 발췌라는 단어에는 '무리 가운데서 특출나게 뛰어나다'라는 뜻도 함께 들어있다. 拔을 빼어나다고 풀이한 경우이다. 拔群 역시 이런 뜻으로 흔히 쓰이는 말이다. 白眉라는 고사성어는 馬氏의 다섯 형제 중 양 눈썹 사이에 흰 털이 난 馬良이 가장 특출난 재능을 가지고 있다는 데서 유래된 말로 발췌와 같은 뜻으로 쓰인다. 여러 닭 가운데 한 마리 학, 곧 群鷄一鶴도 이와 마찬가지이다. 이런 뜻을 지닌 발췌의 용례는 『孟子』에 보인다.

出於其類, 拔乎其萃, 自生民以來, 未有盛於孔子也. 『孟子』

(어떤 사람이) 종류 중에서 솟아나고 모인 가운데서 빼어나도 사람이 생긴 이래로 공자보다 더 훌륭한 분은 없다.

1. 다음 漢字의 音과 訓을 쓰시오.

▫契   ▫觀   ▫護   ▫染   ▫酸   ▫棄   ▫豫
▫乾   ▫喘   ▫炎   ▫膜   ▫症   ▫攝   ▫震
▫踪   ▫掘   ▫埋   ▫崩   ▫壞   ▫艾   ▫災

2. 다음 漢字의 部數를 쓰시오.

▫孝 :   ▫鴻 :   ▫或 :   ▫賀 :   ▫天 :   ▫窓 :   ▫坐 :

3. 다음 漢字의 讀音을 쓰시오.

▫酷暑(   ) ▫颱風(   ) ▫滅種(   ) ▫擴張(   ) ▫遲延(   )
▫急騰(   ) ▫憂慮(   ) ▫排除(   ) ▫濕地(   ) ▫棲息(   )
▫汎濫(   ) ▫協約(   ) ▫吸收(   ) ▫踏査(   ) ▫咨問(   )
▫總會(   ) ▫餘勢(   ) ▫探訪(   ) ▫構想(   ) ▫誘致(   )
▫鹿茸(   ) ▫蒙昧(   ) ▫堆積(   ) ▫忍耐(   ) ▫沙漠(   )
▫捕獲(   ) ▫波濤(   ) ▫添削(   ) ▫眼球(   ) ▫提携(   )
▫稚拙(   ) ▫怠慢(   ) ▫洗滌(   ) ▫掛念(   ) ▫混雜(   )

4. 다음의 音과 訓에 해당하는 漢字를 쓰시오.

①드물 희   ②가로 횡   ③기쁠 환   ④씻을 탁   ⑤잠잘 침
⑥돈 전   ⑦안을 옹   ⑧그림자 영   ⑨얼굴 안   ⑩빠를 민

5. 다음 ( )에 訓이 같은 한자를 넣어 單語를 완성하시오.

①(　)互　　②(　)托　　③(　)寂　　④(　)任　　⑤(　)帥

⑥(　)聘　　⑦(　)引　　⑧(　)過　　⑨(　)承　　⑩考(　)

⑪攻(　)　　⑫空(　)　　⑬(　)實　　⑭(　)少　　⑮(　)備

⑯鬼(　)　　⑰(　)與　　⑱(　)念　　⑲(　)獨　　⑳(　)好

6. 다음 한자의 略字를 쓰시오.

①龍(　)　　②假(　)　　③擔(　)　　④區(　)　　⑤傳(　)

7. 다음 漢字成語의 빈 칸에 적절한 글자를 한자로 써 넣으시오.

①鶴首苦(　)　　②漸入(　)境　　③(　)反荷杖　　④雪上加(　)　　⑤同床(　)夢

⑥拔本(　)源　　⑦(　)談巷說　　⑧(　)角殺牛　　⑨桑田(　)海

8. 다음 글에서 밑줄 친 부분과 관련된 한자성어의 연결이 잘못된 것을 고르시오.

> "이건 너희들이 알 바 아니다. 대체로 남에게 무엇을 요구할 때엔 반드시 ㉠의지(意志)를 과장하여 신의(信義)를 나타내는 법이다. 그리고 얼굴빛은 부끄럽고도 비겁하며, ㉡말은 거듭함이 일쑤이니라. 그런데, 이 손님은 옷과 신이 비록 떨어졌으나 말이 간단하고 눈가짐이 오만하고 ㉢얼굴엔 부끄러운 빛이 없음으로 보아서 그는 물질(物質)을 기다리기 전에 벌써 ㉣스스로 만족을 가진 사람임에 틀림없는 것이다. 아마 그의 시도하려는 방법도 적지 않거니와, ㉤나 역시 그에게 시도함이 없지 않는 거다. 그리고 주질 않는다면 모르려니와 기왕 만금을 줄 바에야 성명은 물어서 무엇하겠느냐?"
>
> 박지원, 〈허생전〉 중에서

① ㉠虛張聲勢　　　② ㉡巧言令色　　　③ ㉢自信滿滿

④ ㉣安分知足　　　⑤ ㉤一網打盡

漢字 쓰기

학과(부)	학번	이름	담당교수

環境
고리 환 지경 경

保護
지킬 보 보호할 호

汚染
더러울 오 물들일 염

酸性
초 산 성품 성

契機
맺을 계 기미 기

乾燥
하늘 건 마를 조

微細
작을 미 가늘 세

呼吸
부를 호 들이마쉴 흡

埋沒
묻을 매 가라앉을 몰

洗滌
씻을 세 씻을 척

漢字 쓰기

학과(부)		학번	이름	·	담당교수

崩 壞				
무너질 붕 무너질 괴				

失 踪				
잃을 실 자취 종				

苛 酷				
매울 가 사나울 혹				

蒙 昧				
어두울 몽 어두울 매				

蘊 蓄				
쌓을 온 쌓을 축				

災 難				
재앙 재 어려울 난				

菜 蔬				
나물 채 푸성귀 소				

濕 度				
젖을 습 정도 도				

補 償				
기울 보 갚을 상				

密 封				
빽빽할 밀 봉할 봉				

憲法

[悠久한 歷史와 傳統에 빛나는 우리 大韓國民은 3.1運動으로 建立된 大韓民國臨時政府의 法統과 不義에 抗拒한 4.19 民主理念을 繼承하고, 祖國의 民主改革과 平和的 統一의 使命에 立脚하여 正義, 人道와 同胞愛로써 民族의 團結을 鞏固히 하고, 모든 社會的 弊習과 不義를 打破하며, 自律과 調和를 바탕으로 自由民主的 基本秩序를 더욱 確固히 하여 政治·經濟·社會·文化의 모든 領域에 있어서 各人의 機會를 均等히 하고, 能力을 最高度로 發揮하게 하며, 自由와 權利에 따르는 責任과 義務를 完遂하게 하여, 안으로는 國民生活의 均等한 向上을 기하고 밖으로는 恒久的인 세계평화와 人類共榮에 이바지함으로써 우리들과 우리들의 子孫의 安全과 自由와 幸福을 永遠히 確保할 것을 다짐하면서 1948年 7月 12日에 制定되고 8次에 걸쳐 改定된 憲法을 이제 國會의 議決을 거쳐 國民投票에 의하여 改定한다.]

윗글은 1987년 10월 29에 개정된 憲法 前文이다. 法이란 단어는 기원전 10세기부터 보일 정도로 동양에서는 매우 오랜 역사를 지니고 있다. 그런데 法자는 원래 지금처럼 단순한 자형이 아니라, 좌변의 '氵'와 우변의 '廌 아래 去'자의 다소 복잡한 글자였다. 학자에 따라 이 자형을 분석하는 데는 여러 가지 설이 있지만, 廌를 보통 사슴이나 염소과에 속한 짐승으로 해석하는 것이 일반적이다. 간혹 상상의 동물인 해태라고 주장하는 사람도 있다.

여기서 한 가지 재미있는 사실은 法 자에 왜 물[氵]과 去 자가 함께 있느냐는 것이다. 어떤 사람은 고대의 재판에서는 善惡을 가릴 줄 안다는 해태를 데리고 와서 죄있는 자를 들이받게 했다고 설명하기도 하고, 염소나 사슴을 물 가로 데리고 가서 그 향하는 방향에 따라 특정인의 손을 들어 주었기 때문이라고 설명하기도 한다. 그렇지만 法은 그 適用에 있어서 '平等'이나 '公平' 등이 매우 중요시 된다. 이는 法의 女神이라 불리는 '디케'가 눈을 가리고 들고 있는 것이 칼과 저울임을 통해서도 분명히 알 수 있다.

〈편집부〉

✸ 入住權, 分讓權 서로 달라요.

서울 용산구에 사는 A씨는 최근 높은 請約 競爭率을 기록하며 分讓된 아파트 分讓權을 사기 위해 不動産仲介業所를 찾았다가 組合員이 保有하고 있는 入住權 買入을 勸誘받았다. 조합원이 보유하고 있는 입주권은 일반분양분보다 層과 向이 좋은 것 같아 A씨는 입주권 賣買契約書에 도장을 찍었다. 이때까지만 해도 A씨는 입주권과 分讓權이 비슷한 것인 줄만 알았다. 그러나 分讓權과 달리 입주권을 살 경우 取得·登錄稅를 내야 한다는 사실을 뒤늦게 알게 됐다. 새로 지어질 아파트에 입주할 권리를 매매한다는 점에서 아파트 입주권과 분양권은 비슷하지만 세법상으로는 奄然히 구분돼 있다. 稅法上 再建築이나 재개발 조합원이 보유하고 있는 입주권을 사는 것은 주택 취득과 동일하게 취급된다. 따라서 취득·등록세를 내야 하는 것은 물론이고 다른 집을 보유하고 있을 경우 입주권 취득과 동시에 다주택자가 된다. 하지만 일반 분양으로 분양된 주택의 分讓權을 살 경우 아파트가 다 지어져 입주하기 전까지는 입주할 수 있는 권리를 사고판 것 일뿐 주택을 사고판 것으로 취급하지 않는다. 따라서 분양권 買受 시에는 취득· 등록세를 낼 필요가 없다. 물론 아파트가 竣工돼 소유권 移轉 登記를 마칠 경우 해당 시점에는 취득·등록세를 내야 하지만 입주 전에 轉賣할 경우 취득·등록세를 한 푼도 내지 않아도 된 다. 讓渡所得稅를 내야 하는 것은 분양권과 입주권 모두 마찬가지다. 이때 賣買가격은 實去來價 로 申告해야 한다.

〈매일신문〉

✸ 過怠料가 부당하게 부과되었다면?

【事例】

A씨는 타던 自動車를 친구 B씨에게 팔았다. 貸金을 다 받고 所有權 移轉 登錄에 必要한 書類 도 넘겨줬는데 얼마 뒤 갑자기 警察廳에서 駐車違反, 버스專用車路 違反 등에 대한 過怠料 賦 課 通知가 날아왔다. 알고 보니 B씨가 아직 移轉 登錄을 하지 않은 狀態에서 交通法規를 어긴 것이다.

問 : A씨는 登錄者라는 理由만으로 過怠料를 내야 하는 걸까?

答 : **(가)** 過怠料는 國家 또는 公共團體가 法律上의 秩序를 維持하기 위해 法令을 違反한 사람에게 하는 制裁 措置다. '秩序罰'인 過怠料는 刑罰인 罰金, 過料와는 다르다. 過怠料 制度는 實質的으로 刑罰과 같기 때문에 司法審査가 必要하다. 2007年 12月21日 過怠料 制度에 대한 單一法으로 制定된 秩序違反行爲規制法에 따르면 行政廳은 過怠料 賦課 前 違反者에게 10일 以上 意見을 陳述할 機會를 줘야 한다. 違反者는 그 期間에 意見을 ㉠**陳述**할지, 違反을 是認하는 代身 過怠料를 20% 減額 받을지 選擇할 수 있다. 또 違反者는 行政廳이 過怠料 賦課를 書面으로 通知한 날로부터 60日 以內에 異議 ㉡**制起**를 할 수 있다. 異議提起를 받은 行政廳은 14日 안에 違反者의 住所地를 管轄하는 法院에 意見 및 資料를 ㉢**通報**해야 한다. 通報를 받은 法院은 一段 書面審理를 해서 過怠料 ㉣**決定**을 하는데 이를 ㉤**略式**節次라고 한다.

(나) 不服할 境遇 違反者는 이 決定을 送達받은 날로부터 7日 以內에 法院에 異議申請을 할 수 있다. 異議申請을 받은 法院은 審問期日을 指定해 審理를 하는데, 代理人이 出席해도 된다. 아무도 出席하지 않아도 審理節次는 그대로 終結된다. 이를 定式節次라고 부른다. 違反者는 定式節次에 따른 法院의 決定을 告知 받은 날로부터 1週日 以內에 卽時抗告, 再抗告를 할 수 있다.

(다) 自動車 所有權 移轉 登錄을 하기 前이라고 해도 貸金을 모두 받고 移轉 登錄 書類까지 줬다면 道路交通法上 過怠料 賦課 對象이 되지 않는다. 따라서 A氏는 過怠料를 賦課한 行政廳에 60日 以內에 異議提起를 하면 된다. 但 賣買契約書, 入金證, 領收證 등 貸金 全額이 支給된 것을 證明할 수 있는 書類나 B氏의 確認書 등을 添附해야 한다. 이럴 境遇 大槪 法院은 略式節次로 過怠料 不處分 決定을 하게 된다. 萬若 法院이 疏明資料가 不足하다고 보고 過怠料 處分을 하면, 7日 以內에 異議申請을 하고 定式節次에 出席해 說明하거나 B氏를 데리고 가서 證人 審問을 하면 過怠料 處分이 取消될 수 있다.

(라) 法院은 行政廳과 달리 違反行爲를 具體的으로 審理하고 過怠料 額數도 法律에 定해진 範圍 안에서 自由롭게 決定한다. 實務的으로는 아주 特別한 境遇가 아니면 行政廳에서 定한 額數와 같게 하기나 여러 事情을 綜合해 減額하곤 한다. 實際로 交通法規를 違反했더라도 參酌할 事情이 있으면 法院에서 救濟를 받을 수 있다. 法院은 特히 申請期間을 嚴格히 審査하기 때문에 過怠料 決定文, 通告書 等에 表示돼 있는 節次規程을 仔細히 살펴봐야 한다. 〈서울신문〉

한자와 이야기

朝鮮朝의 法典과 수록 내용

　조선조에 만들어진 최초의 법률서는 『經國大典』이다. 이 책은 世祖朝에 編修를 시작하여 1485년 5차에 걸친 개정을 통해 정식 시행되었다. 『經國大典』은 조선왕조 개창 때부터의 정부체제인 六典體制를 따라 六典으로 구성되었다. 「吏典」은 궁중을 비롯하여 중앙과 지방의 職制 및 관리의 任免과 使令, 「戶典」은 財政을 비롯하여 戶籍・租稅・祿俸・通貨 등, 「禮典」은 각종 科擧와 관리의 儀章・外交・家族 등, 「兵典」은 軍制와 軍事 등, 「刑典」은 刑罰・奴婢・相續 등, 「工典」은 道路・度量衡 등에 대한 규정을 실었다.

　이 법전의 頒布는 국왕을 頂點으로 하는 중앙집권적 官僚制를 밑받침하는 통치규범의 확립을 의미하였다. 그 뒤로 구체적이고 개별적인 法令이 계속 마련되어 『大典輯錄』(1492년), 『經國大典註解』(1555년), 『受敎輯錄』(1698년), 『典錄通考』(1706년), 『續大典』(1746년), 『大典通編』(1785년) 등이 시행되었으며, 1865년에 편찬된 『大典會通』은 조선조의 마지막 법전이었다.

　조선조에 편찬된 법전은 시대마다 약간의 차이는 있지만, 새로운 법의 일방적인 창조라기보다 당시 현존한 固有法을 成文化하여 중국법을 무절제하게 받아들이지 않고 조선 사회 나름의 질서를 유지하여 이를 계승하였다는 의미를 지닌다. 예를 들어 子女均分相續法, 不動産이나 奴婢 賣買 및 私有權의 절대적 보호에 대한 규정, 民事訴訟節次에 대한 규정 등은 중국법의 영향을 받지 않은 것들이다. 『經國大典』에 수록된 법조문 가운데 지금의 시각으로는 다소 이채로운 몇 가지를 살펴보기로 한다.

　□ 매년 여름철 마지막 달에 官廳과 임금의 집안사람, 文武堂上官, 內侍府 당상관, 맡은 직무는 없으나 70살 이상이 된 당상관들에게 얼음을 나누어 준다.[活人署의 患者, 義禁府・典獄署의 罪囚들에게도 내준다.] 「禮典」

　□ 官吏집안의 딸로서 30살이 가깝도록 생활이 곤란하여 시집가지 못하는 사람에게는 본조에서 임금에게 보고하여 적당히 婚姻 비용을 보내준다.[그 집안이 그다지 빈곤하지 않음에도 불구하고 30살

이 넘도록 시집보내지 않고 있을 경우에는 家長을 엄중히 處罰한다.]「禮典」

☐ 대체로 이름을 고친 경우-改名-에는 吏曹에서 임금에게 보고하고 藝文館에 공문을 보내면 거기에서 등록한 다음 증명서를 내준다. 「吏典」

☐ 孤島와 草島에서 고기를 잡아가는 倭人의 船舶에 대해서도 稅를 받아서[큰 배는 물고기 200마리, 보통 배는 150마리, 작은 배는 100마리] 천과 바꾼다. 「戶典」

한자성어

利木之信

爲政者가 나무 옮기기로 백성들을 믿게 한다는 뜻으로, 백성을 속이지 않은 것을 밝히거나 약속을 실행함을 가리킨다. 春秋戰國시대 秦의 商鞅은 法律을 정한 뒤 公布를 미룬 채 "이 나무를 북문으로 옮겨 놓는 사람에게는 十金을 주리라."라고 했다. 그러나 아무도 옮기려 하는 사람이 없자, 五十金을 주겠다고 써 붙였더니 이번에는 옮기는 사람이 있었다. 상앙은 즉시 약속대로 오십 금을 주었고, 곧바로 법령을 공포하자 백성들은 조정을 믿고 법을 잘 지켰다고 한다.

『史記』「商鞅列傳」

> **예** 臺諫은 利木之臣으로 불리기도 했는데 요즘 말로 바꾼다면 청와대 민정수석쯤 된다고 할까?
> 〈충북일보, 2007.02.26〉

明若觀火

불을 보듯 결과가 뻔함.

> **예** 결론부터 말하자면 사교육을 줄이려는 이러한 시도는 무의미하게 끝날 것임이 明若觀火하다.
> 〈시사저널, 2009.07.15〉

賊反荷杖

도둑이 도리어 매를 든다는 뜻으로, 잘못한 사람이 아무 잘못도 없는 사람을 나무랄 때 쓴다.

> **예** '제재에는 보복으로, 대결에는 전면대결로 맞서자'는 대형 현수막은 賊反荷杖의 모습 그대로입니다. 〈KBS뉴스, 2009.06.16〉

指鹿爲馬

사슴을 가리켜 말이라고 한다는 뜻으로, 절대 권력을 가진 자가 윗사람을 농락하며 권세를 마음대로 부린다는 말이다. 秦의 始皇帝가 죽자 측근 환관인 趙高는 거짓 詔書를 꾸며 태자 扶蘇를 죽이고 어린 胡亥를 세워 2세 황제로 삼았다. 하루는 사슴을 끌고 조정 안으로 들어와 '말'이라며 왕에게 바쳤다. 당시 조정에서는 잠자코 있는 사람보다 '그렇다'고 긍정하는 사람이 많았으나 '아니다'라고 부정하는 사람도 있었다. 조고는 부정한 사람을 기억해 두었다가 나중에 죄를 씌워 죽여 버렸다. 그 후 궁중에는 조고의 말에 반대하는 사람이 하나도 없었다고 한다. 『史記』 「秦始皇本紀」

> **예** "정부, 사슴을 가리켜 말이라 할 셈이냐." 국민대책회의는 정부의 추가협상 방침을 指鹿爲馬로 규정했다. 〈뉴시스, 2008.06.12〉

吳越同舟

敵對 관계에 있는 오나라 사람과 월나라 사람이 같은 배를 타고 있다는 뜻. 곧, 서로 적의를 품을 사람끼리 같은 장소·처지에 놓이거나 원수끼리 함께 있음을 비유한다. 그러나 적의를 품은 사람끼리라도 필요한 경우에는 서로 도운다는 정반대의 뜻으로도 쓰이곤 한다.

> **예1** 정치권은 일제히 吳越同舟가 될 것이라며 부정적 전망을 쏟아냈다. 하지만 이런 예상은 한 달도 지나지 않아 완전히 역전된 바 있었다. 〈뉴스타운, 2009.01.11〉
>
> **예2** 기조연설에서 세계 금융위기와 경기침체를 극복하기 위해서는 보호무역주의를 타파하고 각 국이 吳越同舟의 인식 아래 위기 극복을 위한 공조를 강화하자고 역설할 것으로 보인다. 〈헤럴드경제, 2009.04.16〉

생활 속의 한자

理判事判

　理判事判은 理判僧事判僧의 준말이다. 산속의 암자에서 參禪하거나 佛經을 읽는 일에 전념하는 승려를 이판승이라고 하고 사원의 재산을 관리하거나 여러 사무를 처리하는 승려를 사판승이라고 한다. 한 승려가 두 가지 일을 함께 하기란 어렵다. 그러니까 출가하려고 할 때는 이 두 갈래 길 중 어느 하나를 선택해야만 한다. 여기서 이판사판이라는 말이 유래된 것이다. 그러니까 이판사판은 둘 중에 어느 하나를 선택해야 할 처지에 있음을 말하는 것이다.

　조선후기에는 抑佛政策의 강화로 승려들이 많은 천대를 받았다. 각종 雜役에 징발되는 횟수가 늘어나자 참선과 불경공부에 전념하려는 이판승들은 산속 암자로 숨어들었다. 한편, 사판승들은 이판승들이 떠난 사원에 남아 사원 유지에 총력을 기울였다. 그러니까 사판승이 있어 이판승들은 참선과 불경공부에 전념할 수 있었다. 또한 이판승이 있어 사판승 역시 그 존재가치가 있었던 것이다.

　그런데 요즈음 이판사판이라는 말은 막다른 데 몰렸을 때 自暴自棄의 심정으로 너죽고 나죽자는 아주 살벌한 말로 쓰이고 있다. 우리는 참으로 살벌한 세상에 살고 있다.

退字

　退字는 '받아들여지지 않음'이란 뜻을 가지고 있다. 이 말은 조선조의 세금 제도에서 생겨난 말이라 전해지는데, 확실하지는 않다. 조선의 백성들은 관청이나 궁궐에 각 지역에서 생산되는 특산물을 바쳐야 할 의무가 있었다. 이를 貢納이라고 하며, 대동법이 시행된 17세기까지 이 제도는 존속되었다. 그런데 공납을 바칠 때 그 품질을 검사하던 호조의 版籍司는 엄격한 심사를 거쳐 불합격에 해당하는 것에 '退' 字의 도장을 찍어 다시 돌려보냈다고 한다. 여기서 '퇴자 맞았다.'라는 말이 생겨났다고 한다.

한편, 조선의 백성들은 양반이나 아전들의 횡포, 이웃과의 분쟁 등이 발생하면 해당 지역 관청에 가서 이를 고변할 수 있었다. 접수된 하소연에 대해선 원님으로 통칭되던 수령들이 직접 판결했는데, 사건이 지나치게 경미할 경우 수령은 문서에 退字 도장을 찍어 돌려보냈다. 요즘에 쓰는 법률 용어 중 '棄却'에 해당하는 말이 바로 이 '퇴자'였던 것이다.

白眼視

白眼視를 글자대로 풀이하면 눈의 흰자위를 드러내면서 상대방을 흘겨본다는 뜻이다. 이 말은 다음과 같은 阮籍의 故事에서 유래되었다.

晉나라 때는 黃巾賊이 출몰하여 나라가 극도로 어지러웠고 바른말 잘하는 선비는 핍박당하던 亂世였다. 완적은 이런 세상에 염증을 느껴 항상 술에 취해 미치광이처럼 행세했다. 그후 어머니가 돌아가시자 그는 피를 토하며 슬퍼했다. 그때 嵇喜가 와서 형식적으로 문상하자 그는 혜희를 백안시하면서 쫓아내버렸다. 이처럼 '완적은 형식에 얽매인 사람을 보면 눈의 흰자위를 드러내면서 못마땅하게 대했다'(籍見禮俗之士, 以白眼對之)고 한다.

형식만을 고집하거나 거기에 치우치다가는 실질적으로 중요한 내용을 잃어버리기 쉽다. 그렇다고 형식이 필요 없는 것은 아니다. 『中庸』에서도 '지나친 것은 모자라는 것과 같다'(過猶不及)고 하지 않았던가. 그러니까 형식은 내용과 조화를 이룰 때 만이 그 존재가치가 있는 것이다.

혹시 자신의 삶이 실질적인 내용에서 벗어나 형식에만 치우쳐 있지나 않은지 점검해볼 필요가 있다. 그래야만 白眼視당하는 수모를 겪지 않을 수 있다.

1. 다음 漢字의 음과 訓을 쓰시오.

▫憐　　□塊　　□諾　　□掠　　□屢　　□辯　　□誓

▫署　　□鎖　　□躍　　□煙　　□爵　　□慰　　□竊

▫債　　□姪　　□墮　　□派　　□嫌　　□旱　　□輝

2. 다음 漢字의 部數를 쓰시오.

▫孰 :　　□承 :　　□亞 :　　□顔 :　　□條 :　　□嘗 :　　□舞 :

3. 다음 한자의 讀音을 쓰시오.

▫分讓(　　　)　□勸誘(　　　)　□契約(　　　)　□竣工(　　　)　□移轉(　　　)

▫毁損(　　　)　□稀貴(　　　)　□汗蒸(　　　)　□捕捉(　　　)　□軌跡(　　　)

▫奚琴(　　　)　□妥協(　　　)　□播種(　　　)　□弊端(　　　)　□尖銳(　　　)

▫懲戒(　　　)　□遵守(　　　)　□忍耐(　　　)　□迷惑(　　　)　□猶豫(　　　)

▫涉獵(　　　)　□睡眠(　　　)　□掠奪(　　　)　□泣訴(　　　)　□尤甚(　　　)

▫菜蔬(　　　)　□濫獲(　　　)　□覆蓋(　　　)　□霧散(　　　)　□懇請(　　　)

▫和睦(　　　)　□禽獸(　　　)　□肩章(　　　)　□煩惱(　　　)　□埋葬(　　　)

4. 다음의 음과 訓에 해당하는 漢字를 쓰시오.

①어찌 기　　②거울 경　　③뛰어날 걸　　④아플 통　　⑤버들 류

⑥본디 소　　⑦힘쓸 면　　⑧칠 토　　⑨위엄 위　　⑩일컬을 칭

❏ 다음 글을 읽고 물음에 답하시오.

　　현행 稅法上 산(林野)을 팔아 얻은 所得은 '讓渡所得稅' 課稅對象所得으로 區分되어 있다. 반면 산에서 스스로 자란 나무(自然林)만을 팔았다면 所得稅法基本通則에 따라 '事業所得' 과세대상소득이 된다. 따라서 산을 팔았을 경우에는 讓渡所得稅, 자연림만 팔았을 경우에는 綜合所得稅가 課稅된다. 그렇다면 산(임야)과 나무(자연림)를 한꺼번에 팔았을 경우 세금은 어떻게 **납부❶**해야 할까. 이 같은 경우 자연림 **讓渡(①) 價額(②)**은 林野의 양도가액에 包含시켜 과세된다는 국세청의 有權解釋이 나왔다. 국세청은 17일 "최근 A씨가 임야와 자연림을 함께 팔면서 임야와 자연림의 讓渡價額이 구분되지 않을 경우 어떤 식으로 구분해야 하는지 여부를 質疑해 이 같은 有權解釋을 내렸다"고 밝혔다. 국세청에 따르면 A씨는 최근 個別公示地價 7억인 임야와 자연림을 함께 팔면서 자연림의 실지거래가액을 별도로 계산하는 방법이 있는지 **여부❷**에 대한 質疑를 국세청에 넣었다. 국세청은 質疑回信(소득-817, 2009. 06. 02)을 통해 "讓渡價額을 실지거래가액에 의해 **算定(③)**할 때 林地와 林木을 **一括(④)** 讓渡한 경우 임목의 讓渡價額은 임야의 讓渡價額에 **포함❸**되는 것"이라고 설명했다. 다시 말해 자연림이 팔린 것에 대해서는 별도의 소득으로 보지 않고 산에 대한 讓渡所得稅만 **負擔⑤**하면 된다는 것. 다만 산은 팔지 않고 자연림만 팔아서 소득을 얻었다면, 현행 소득세법기본통칙대로 종합소득세를 내면 된다.

〈조세일보〉

5. 윗글의 밑줄 친 단어 ①~⑤에 해당하는 讀音을 쓰시오

①讓渡(　　　)　　　②價額(　　　)　　　③算定(　　　)　　　④一括(　　　)　　　⑤負擔(　　　)

6. 윗글의 밑줄 친 ❶~❸에 해당하는 단어를 한자로 쓰시오.

7. 다음 ( )에 訓이 같은 한자를 넣어 單語를 완성하시오.

①(   )庫　　②(   )困　　③(   )冷　　④(   )助　　⑤(   )度

⑥(   )惡　　⑦(   )與　　⑧(   )秀　　⑨(   )覽　　⑩組(   )

⑪停(   )　　⑫淨(   )　　⑬(   )愛　　⑭(   )識　　⑮(   )導

⑯宜(   )　　⑰(   )聲　　⑱(   )惠　　⑲(   )恨　　⑳(   )訪

8. 다음 주어진 단어의 뜻을 쓰시오.

①飢渴 :

②模範 :

③疏明 :

④赴任 :

⑤頻發 :

9. 다음 주어진 漢字成語의 ( )에 들어갈 적절한 한자를 쓰시오.

①絶長(   )短　　②苦(   )甘來　　③事必(   )正　　④(   )虎之勢　　⑤高枕安(   )

⑥門前成(   )　　⑦良禽(   )木　　⑧衆(   )不敵　　⑨千(   )一失

10. 다음 한자의 略字를 쓰시오.

①辭 → (   )　　②圍 → (   )　　③氣 → (   )　　④處 → (   )　　⑤來 → (   )

漢字 쓰기

학과(부)	학번	이름	담당교수

訴訟
하소연할 소 송사 송

猶豫
오히려 유 미리 예

詐欺
속일 사 속일 기

恐喝
두려워할 공 꾸짖을 갈

侮辱
업신여길 모 욕 욕

毁損
헐 손 덜어낼 손

醜行
추할 추 행할 행

禁錮
금할 금 땜질할 고

棄却
버릴 기 물리칠 각

逮捕
미칠 체 사로잡을 포

<h2>漢字 쓰기</h2>

학과(부)	학번	이름	담당교수

嫌 疑					
싫어할 혐 의심할 의					

| 缺 乏 | | | | | |
| 모자랄 결 가난할 핍 | | | | | |

| 犯 罪 | | | | | |
| 범할 범 죄 죄 | | | | | |

| 均 等 | | | | | |
| 고를 균 같을 등 | | | | | |

| 辯 護 | | | | | |
| 말잘할 변 지킬 호 | | | | | |

| 管 轄 | | | | | |
| 피리 관 비녀장 할 | | | | | |

| 拘 束 | | | | | |
| 잡을 구 묶을 속 | | | | | |

| 弊 習 | | | | | |
| 해질 폐 익힐 습 | | | | | |

| 裁 判 | | | | | |
| 마름질 재 가릴 판 | | | | | |

| 懲 役 | | | | | |
| 혼날 징 부릴 역 | | | | | |

漢籍의 寶庫 奎章閣 · 藏書閣

奎章閣은 王室의 圖書館으로 그 기원은 1463년(세조 9)에 梁誠之가 궁중 도서관의 건립을 건의하고, 1694년에 肅宗이 지금의 사간동 국군병원 자리에 선왕들의 문장과 필체를 보관하는 閣을 건립하고 '奎章閣'이라는 扁額을 건 데에 있다. 1781년 正祖는 奎章閣을 親衛機關으로 발전시키고, 강화도에 外奎章閣을 지어 書籍을 分散 管理하였다. 또 校書館을 奎章閣 外閣으로 삼아 書籍 出版을 전담케 했다.

그 뒤 1907년에 高宗이 퇴임하자 일제는 奎章閣을 掌握하여, 정족산·오대산·태백산·적상산 4대 史庫와 여러 기관에 보관 중이던 『朝鮮王朝實錄』·『日省錄』·『承政院日記』 등을 규장각 도서로 編入시켰다. 이 때 所藏 도서는 10만여 권에 달했다. 1910년 강제 합병 뒤 朝鮮總督府는 奎章閣을 取調局 參事官室에 소속시켰다가, 1928~30년에 奎章閣 도서를 京城帝國大學 부속도서관으로 이관하였다. 1946년 서울대학교가 개교하자 규장각 도서는 그 부속도서관으로 이관되었다. 1992년 3월에는 '서울대학교 규장각'이 독립하였다.

규장각은 古圖書 17만 5천여 책, 古文書 5만여 점, 册版 1만 8천여 점 등 총 26만여 점의 한국학자료를 소장하고 있다. 『朝鮮王朝實錄』 정족산본 完帙과 오대산본의 落帙을 보관하고 있으며, 『승정원일기』 3천 45册, 정조가 1777년 北京에서 구입해 오게 한 『古今圖書集成』, 의궤 500여 종 2천여 卷, 1872년에 제작한 郡縣 地圖 458枚를 포함한 古地圖 220여 종 6천여 張을 소장하고 있다. 그리고 18세기 校書館의 책판 1만 8천여 장도 함께 보관하고 있다.

藏書閣은 昌慶宮에 소속된 건물로 규장각과 함께 왕실의 도서관이있다. 장서가이란 명칭은 조선 초 集賢殿·弘文館·成均館의 書籍 저장처를 장서각이라 한 데서 유래한다. 1908년에 대한제국 宮內府는 장서각을 황실도서관으로 두었고, 일제의 강제 합병 뒤 李王職은 그전부터 보관해 온 서적들과 1911년에 인수한 赤裳山史庫本 5천 519책, 그리고 새로 모은 옛 전적들로 별도의 書庫를 만들었다. 1915년에는 樂善齋 동남쪽에 벽돌집 서고를 신축하였고, 1918년 그 건물에 '장서각'이란 편액을 걸었으며, 1937년에는 창덕궁의 옛 건물로 이전하였다. 해방 뒤 문화재

관리국에서 관리하다가 1918년 한국정신문화연구원(현 한국학중앙연구원)에서 인수해 관리하고 있다.

　6·25때 적상산 史庫本 조선왕조실록의 대부분이 분실되었지만, 장서각 도서에는 唯一本이 많다. 1981년 이후 한국정신문화연구원은 새로 구입한 古書도 장서각에 아울렀다. 현재 고문서, 왕실 관계 자료, 政書·官案·榜·譜·圖畵·한글소설·史料 등을 소장하고 있다. 대략 고서 8만 921책(현재도 꾸준히 증가하고 있음), 고문서 720점, 서화류 642점에 달한다.

심경호, 『한학연구입문』(이회, 2003)

✹ 교토 議定書

　1997년 12월 일본 교토에서 開催된 氣候變化協約 제3차 當事國總會에서 採擇된 것으로, 地球溫暖化 規制 및 防止의 국제협약인 기후변화협약의 구체적 이행 방안이다. 이에 따른 주요 성과로는 先進國의 온실가스 감축 目標値를 規定하였다. 교토의정서는 1995년 3월 독일 베를린에서 개최된 氣候變化協約 제1차 당사국총회에서 協約의 구체적 이행을 위한 방안으로서, 2000년 이후의 온실가스 減縮 목표에 관한 의정서를 1997년 제3차 당사국총회에서 채택키로 하는 베를린 委任事項(Berlin Mandate)을 채택함에 따라 1997년 12월 제3차 당사국총회에서 最終的으로 채택되었다. 의정서가 채택되기까지는 온실가스의 감축 目標와 감축 日程, 開發途上國의 參與 問題로 선진국 간, 선진국·개발도상국간의 의견 차이로 심한 對立을 겪기도 했지만, 2005년 2월 16일 公式 發效되었다.

　의무이행 대상국은 오스트레일리아, 캐나다, 미국, 일본, 유럽연합(EU) 회원국 등 총 38개국이며 각국은 2008~2012년 사이에 온실가스 총배출량을 1990년 水準보다 平均 5.2% 감축하여야 한다. 각국의 감축 목표량은 -8~+10%로 差別化하였고 1990년 이후의 토지 이용변화와 山林에 의한 온실가스 除去를 의무이행 당사국의 감축량에 포함하도록 하였다. 그 예로 유럽聯合 -8%, 일본 -6% 의 온실가스를 2012년까지 줄여야 한다.

　감축 대상 가스는 二酸化炭素(CO_2), 메탄(CH_4), 亞酸化窒素(N_2O), 不和炭素(PFC), 水素化不和炭素(HFC), 不和硫黃(SF6) 등의 여섯 가지이다. 당사국은 온실가스 감축을 위한 政策과 措置

를 취해야 하며, 그 분야는 에너지效率향상, 온실가스의 吸收原 및 貯藏原 보호, 신·재생에너지 개발·研究 등도 포함된다.

한국은 제3차 당사국총회에서 氣候變化協約 上 開發途上國으로 분류되어 의무대상국에서 제외되었으나, 몇몇 선진국들은 감축目標 합의를 명분으로 한국·멕시코 등이 선진국과 같이 2008년부터 자발적인 義務부담을 할 것을 요구하였고, 제4차 당사국총회 기간에 아르헨티나 카자흐스탄 등의 일부 개발도상국은 자발적으로 의무를 負擔할 것을 宣言하였다. 2013년~17년 의무대상국이 개발도상국에 集中되기 때문에 5월부터 개최되는 대상국 擴大協議에서 한국도 同參을 요구받을 것으로 예상된다. 2002년 IEA(국제에너지기구)의 통계에 따르면 한국의 연간 二酸化炭素 배출량은 2000년을 기준으로 했을 때 4억 3400만톤으로 세계 9위이며, 세계 전체 排出量의 1.8%를 차지한 것으로 나타났다. 더욱이 1990년 이후 배출량 증가가 85.4%로 나타나 세계 최고의 增加勢를 기록하고 있기 때문에 의무대상국으로 분류될 가능성이 높다.

✳ 유네스코(UNESCO)

유네스코(UNESCO)란 國際聯合 教育科學文化機構(United Nations Educational Scientific and Cultural Organization)의 略稱으로 1947년 창설된 國際 聯合의 特別 機構이다. 기구의 목적은 유엔憲章에서 宣言된 기본적 자유와 인권 그리고 법의 지배, 더욱 보편적인 正義의 具現을 위하여 教育, 科學, 그리고 文化를 통한 國際 協力을 促進함으로써 平和와 안전에 기여하는 데 있으며 현재 프랑스 파리에 本部를 두고 있다.

1950년 6월 14일 한국은 유네스코 會員國으로 가입한 직후, 한국전쟁이 발발하자 한국정부는 戰亂 중에서도 국내 유네스코 活動展開를 위한 韓國委員會 設置를 推進하였다. 1952년 11월 10일 제2대 국회 제17차 본회의에서 〈유네스코 憲章〉 遵守 誓約이 滿場一致로 可決되자 국내 교육, 과학, 문화계 저명 인사늘이 유네스고한국위원회설치 준비위원회를 組織하여 설치법 草案을 작성하였고 1953년 7월 6일 대통령령 제801호로 〈한국유네스코위원회설치령〉이 公布되었다. 그리하여 유네스코한국위원회는 당시 문교부장관이었던 김법린 박사가 위원장으로 취임하고 정대위 박사가 초대 사무총장에 임명된 가운데 1954년 1월 30일 서울대학교 강당에서 創立總會를 열어 公式 發足하였다.

근래에 우리나라에서도 유네스코 世界遺産(UNESCO World Heritage Site)에 몇몇 遺産들이 登載되면서 이에 대한 관심이 높아지고 있다. 유네스코 世界遺産이란 유네스코에서 인류의 소중한 문화 및 自然遺産을 保護하기 위해 지정한 것으로, 1972년 총회에서 채택된 "世界文化 및 自然遺産 保護 協約"에 따라 정해진다. 세계유산은 역사적으로 중요한 價値를 가지는 文化遺産과 地球의 歷史를 잘 나타내고 있는 自然遺産, 그리고 이들의 성격을 합한 複合遺産으로 구분된다. 2008년 현재 145개국의 878 곳이 世界遺産으로 指定되었으며, 이중 678곳이 文化遺産, 174곳이 自然遺産, 26곳이 複合遺産이다. 전체 878곳 중 많은 世界遺産을 가진 국가들은 이탈리아(43곳), 스페인(40곳), 중국(37곳) 순이다.

우리나라엔 유네스코가 지정한 世界 遺産으로 8곳과 世界記錄文化遺産 6건이 登載돼 있다. 佛國寺, 石窟庵, 海印寺 八萬大藏經 經板, 宗廟(1995년), 水原 華城, 彰德宮(1997년), 경주 역사 유적지구, 고창-화순-강화 고인돌유적(2000년) 등이 世界文化遺産으로 올라 있다. 국가기록원 역사기록관(부산)이 소장하고 있는 朝鮮王朝實錄을 비롯해 訓民正音, 直指心體要節, 承政院日記, 朝鮮王朝儀軌, 海印寺 大藏經板이 世界記錄文化遺産으로 登載돼 있다. 〈편집부〉

한자와 이야기

평생 날씬하게 살고 싶은 사람들을 위한 책

– 엘렌 러펠의 『배고픈 유전자』(이원봉 역, 바다출판, 2003)에 대한 서평

著者인 엘렌 러펠 쉘은 이 책에서 肥滿을 21세기에 가장 흔하고 돈이 많이 드는 營養 障碍로 規定하고, 肥滿의 원인을 遺傳子 수준까지 집중 追跡하여 근원적 肥滿 解決 方案을 明快하게 提示하고 있다. 비만 치료를 위한 약물, 식품, 운동요법, 수술 요법 등이 많이 알려져 있고, 그 비용이 엄청남에도 불구하고 비만 환자는 점점 늘어나고 있으며 환자들은 잘못된 忠告에 갈피를 못 잡고 있다. 비만은 서구식 생활양식 등으로 수백만 년의 진화를 통해 이뤄 낸 纖細한 인간 육체의 均衡이 무너져 발생하게 되는 疾患이며, 그 본질에 있는 軟弱해진 유전자를 보호하기 위해 노력해야 할 것이라고 저자는 역설하고 있다. 이 책은 비만 때문에 苦悶하는 사람들은 물론 의사나 학자들, 더 나아가 관련 공무원들까지 필독해야 한다고 생각한다. 전문적인 연구 결과도 흥미롭고 쉽게 쓰여졌기 때문에 이해하는 데 큰 어려움은 없을 것이다.

저자는 먼저 45kg 이상을 減量하고 싶은 병적 비만자들이 이용할 수 있는 胃腸 바이패스 수술을 詳細하게 소개하고 있다. 食道 끝 부분에 늘어져 있는 위장을 잘라 내고 다시 縫合하는 힘든 수술이다. 이 수술을 받으면 수술 후 몇 주 동안 거의 먹지도 못하고 수술 전만큼 먹을 수도 없는 효과적인 방법이다. 그러나 대부분 처음 18개월 동안은 체중이 빠른 속도로 줄어들지만 그 후 과거 習慣이 되살아나 결국은 살이 찌게 되기 때문에, 特殊 治療가 필요한 비만 환자의 경우를 제외하고 이런 요법에 의한 비만 치료는 결국 의사만 배불릴 수 있음을 暗示하고 있나. (중략)

이어 록펠러 재단의 루디 라이블이 비만의 유전적 연결 고리를 찾기 위해 분자생불학사인 제프리 프리드만과 함께 비만(오비) 유전자와 糖尿(디비) 유전자를 추적하는 과정에서 벌어지는 여러 葛藤과 迂餘曲折을 잘 描寫했는데, 1994년 12월 1일자 『네이처』지에는 프리드만의 '쥐와 비만 유전자 위치 지정 複製와 그 인간 상동체' 논문이 커버스토리로 실리게 된 과정 등에 관한

생생한 기술은 인상적이었다. 특히 프리드만이 오비 유전자 생성물인 렙틴의 효과를 밝혀내 대학이 가진 特許史上 가장 큰 額數인 선불만으로 2천만 달러를 받은 사례는 이공계 忌避 現象이 심각한 이때, 학문을 통해서도 부자가 될 수 있다는 것을 보여 준 좋은 책이다.(중략)

　또한 저자는 유명 다이어트 약품의 실상 등에 대해서도 리얼하게 暴露했는데, 해당 분야 전문가가 아님에도 어려운 연구 결과를 거의 正確하게 설명한 저자 특유의 執念을 높이 평가하는 바이다. 사실 이런 연구 과정은 최신 서양 과학적 접근 방법의 대표적인 예로, 이를테면 예상되는 특정 유전자 하나를 목표로 하는 접근 방식의 한계일 것이다. 더욱 염려스런 점은 이런 연구 결과가 附加價値만을 고려하여 곧바로 새로운 산업과 연결됐을 때의 끔찍한 弊害를 看過할 수도 있다는 것이다. 저자도 指摘했지만, 과학자들이 학회 운영 등 경비 문제로 산업계와 結託할 수밖에 없는 構造를 이해한다면 문제는 더욱 심각해진다.　　김형민 외, 『열린 생각 열린 책읽기』(인디북, 2004)

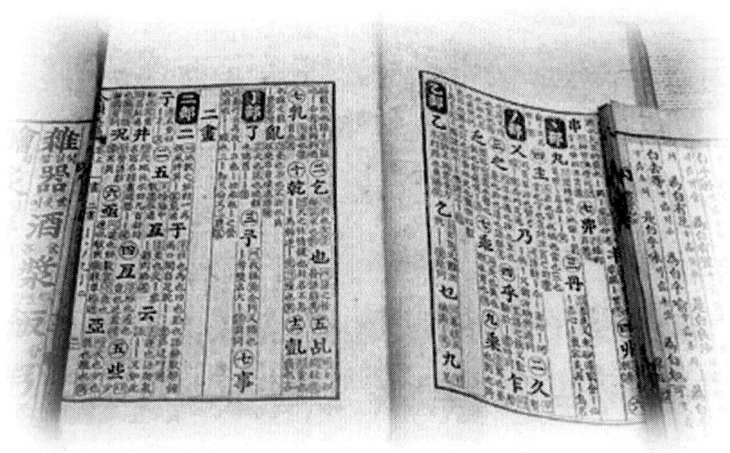

한자성어

董狐之筆

董狐의 直筆이라는 뜻으로 기록을 맡은 이가 직필하여 조금도 거리낌이 없음을 이른다. 권세를 두려워하지 않고 사실을 그대로 적어 역사에 남기는 일. 『春秋左氏傳』

예 '대운하 관련 연구결과를 기대한다.'며 교수모임의 활동과 연구결과는 권력에 굴하지 않고 시대의 목소리와 진실을 반영하는 董狐之筆의 본보기가 될 것이라 믿는다고 밝혔다. 〈에코저널, 2008.03.26〉

宋襄之仁

宋나라 襄公의 인정이란 뜻으로, 쓸데없는 인정을 베푸는 것의 비유할 때 사용된다. 『十八史略』

예 따라서 宋襄之仁의 어리석음을 현대에 재현하려는 것이 아니라면 보고서의 경고를 무시해선 안 된다. 〈국민일보, 2005.11.06〉

緣木求魚

나무에 올라 물고기를 구한다는 뜻으로 도저히 불가능한 일을 하려 함의 비유. 혹은 잘못된 방법으로 목적을 이루려 하거나 수고만 하고 아무것도 얻지 못함을 비유하기도 한다. 『孟子』「梁惠王」

예 그 가격대에 올라가기를 바라는 것은 어리석은 일로 緣木求魚와 같다. 〈경향신문, 2009.03.17〉

千慮一失

천 가지 생각 가운데 한 가지 실책이란 뜻으로, 아무리 지혜로운 사람이라도 생각을 많이 하다 보면 작은 실책이 있을 수 있음. 『史記』「淮陰侯列傳」

예 "최대한 빨리 우승하고 싶은데 감독이 그리 호락호락하지 않은 분이라 부담"이라고 千慮一失하

지 않겠다는 경계심을 드러냈다. 〈스포츠서울, 2008.03.04〉

孤掌難鳴

한 쪽 손으로는 박수하기 어렵다는 뜻으로, 혼자 힘으로는 어떤 일도 이룰 수 없음을 가리킨다. =외 손뼉이 울랴?

예 孤掌難鳴이라고 손바닥도 혼자서는 손뼉이 쳐지지가 않는다. 지금 북한은 자기네들의 필요에 의해 가장 중요한 북미관계의 틀 속에서 미국과 협상을 진행하고 있는 것이다. 〈노컷뉴스, 2008.06.27〉

생활 속의 한자

效矉

중국 越나라의 西施는 누에처럼 생긴 눈썹[蛾眉]과 花容月態[꽃과 같은 얼굴과 달같은 자태]를 지닌 절세의 미인으로 당시의 여성들에게 가장 인기가 있었던 선망의 대상이었다. 그런데 어느 날 서시는 심장이 아파 얼굴을 찡그렸다. 그때 이웃집의 어떤 醜女가 서시의 찡그린 얼굴을 아름답게 여겨 자신도 심장을 움켜쥐고 얼굴을 찡그렸다. 그러자 그 마을에 살고 있던 부자들은 문을 닫고 나오지 않았고 가난한 사람들은 처자를 데리고 마을을 떠나버렸다.

이처럼 전후사정을 알아보지도 않고 무턱대고 남의 언행을 따라하거나 흉내내는 짓을 효빈이라고 한다. 추녀의 이런 행동을 莊子는 다음과 같이 비꼬았다.

彼知美矉, 而不知矉之所以美
(그녀는 서시의 찡그린 얼굴이 아름답다는 것만 알았지 찡그린 얼굴이 아름다운 까닭은 알지 못했다.)

예뻐지려고 하는 추녀의 이런 행동은 애교로 봐줄 수도 있지만 다른 나라의 문화를 배울 때는 철저한 비판적 자세가 전제되어야 한다. 효빈하다가는 문화적 屬國이 되기 십상이다.

壓卷

원래 壓卷이라는 말은 예전에 科擧試驗 答案紙 중 가장 뛰어난 답안지를 나른 답안지 위에 올려둔 데서 유래되었다. 最優秀 답안지를 맨 위에 올려 나머지 답안지를 누름으로써 그것의 가치와 권위를 알리고자 한 것이다. 이런 데서 의미가 파생되어 여러 책이나 글 중에서 가장 뛰어난 것을 壓卷이라고 한다. 中文大辭典의 풀이를 보자.

冠於衆人作品之上曰, 壓卷.
(뭇 사람의 작품 위에 올려놓을 수 있는 것을 압권이라고 한다.)

우리에게는 古典文學, 古典音樂, 古典舞踊 등등 헤아릴 수 없을 만큼 많은 고전이 있다. 이런 고전은 오늘날에도 여전히 가치있는 것으로 한낱 지난 시대의 케케묵은 古物과는 그 격이 사뭇 다르다. 특히, 우리는 고전문학작품을 통해 오늘날에도 여전히 유효한 정신적 滋養分을 공급받을 수 있다.

金時習의 〈愛民義〉, 權韠의 〈忠州石〉, 許筠의 〈豪民論〉, 丁若鏞의 〈原牧〉, 〈哀絶陽〉 등은 정치인이라면 반드시 읽어야 할 글 중의 壓卷이다. 溫故知新하고 싶은 이에게도 一讀을 권한다.

菽麥

菽麥이란 글자 그대로 콩과 보리라는 뜻이다. 이 말이 지금처럼 '바보'라는 뜻으로 쓰인 것은 『春秋左氏傳』에서 유래한다. 춘추 시대 晉의 여공은 胥童을 몹시 편애하여 국권을 그에게 일임하였다. 그러자 대신인 欒書·中行偃 등이 서동을 잡아 죽인 다음 여공마저 죽여 버렸다. 그런 다음 진양공의 증손인 周子를 제후로 세우고 그들이 정권을 장악했다. 14세 밖에 되지 않던 주자에게는 형이 있었는데, 그렇게 되면 垂簾聽政이 불가능하므로 그들은 "주자에게 비록 형이 있지만, 지혜가 없어 콩과 보리도 분간하지 못하기에[菽麥不辨] 제후로 세울 수 없다."고 했다.

漢字 試驗 對備

1. 다음 漢字의 音과 訓을 쓰시오.

　□約　　　□項　　　□程　　　□準　　　□除　　　□炭　　　□策

　□吸　　　□藏　　　□硏　　　□宣　　　□擴　　　□增　　　□滿

　□彰　　　□軌　　　□特　　　□展　　　□廟　　　□値　　　□載

2. 다음 漢字의 部數를 쓰시오.

　□能 :　　　□臺 :　　　□島 :　　　□卿 :　　　□夢 :　　　□妻 :

3. 다음 한자의 讀音을 쓰시오.

　□稀宴(　　)　□傾斜(　　)　□依賴(　　)　□頻繁(　　)　□畏懼(　　)

　□跳躍(　　)　□揮毫(　　)　□謁見(　　)　□濕潤(　　)　□抽象(　　)

　□掠奪(　　)　□激勵(　　)　□橫暴(　　)　□暗誦(　　)　□川渠(　　)

　□誇張(　　)　□疏漏(　　)　□幻影(　　)　□誓願(　　)　□逐鹿(　　)

　□埋沒(　　)　□泣訴(　　)　□海諒(　　)　□派遣(　　)　□租稅(　　)

　□野蠻(　　)　□擴散(　　)　□透徹(　　)　□混濁(　　)　□移替(　　)

프로게이머는 한자를 좋아해?

"어제 임진록 봤어?" "역시 대단하던데……"

대학생들이 나누는 대화였다. 큰 大 大學生이라 역사소설 『壬辰錄』을 두고 하는 소리인 줄 알았다. 하지만 뒷이야기를 들어보니 그게 아니었다.

"역시 황제는 황제야." "난 그래도 폭풍이 좋아."

皇帝에 暴風이라. 알고 보니 학생들이 말하는 임진록은 『임진록』이 아니라 '林榛錄'으로 프로게이머인 임요환과 홍진호의 대결을 두고 붙인 이름이었다. 이름을 붙인 이가 누군지 그 재치가 돋보인다. 이를 契機(①)로 젊은이들과 對話를 하려면 그들의 문화를 이해해야 한다는 생각에 프로게임에 대해 알아보게 되었다. 그러나 게임을 專門的으로 中繼해 주는 유선채널까지 있다는 것을 알고 나서 家族의 눈치를 봐가며 有線放送에도 가입했다.

프로게임은 대단히 人氣를 끌고 있었다. **㉠기성세대들이 보면 이해할 수 없는, 전혀 다른 세계였다.** 젊은이들이 人山人海로 모여 있었고, 게임 결과는 그들의 주요 뉴스이자 話題거리가 되었다. 가장 인기있는 프로게이머 중 한 명인 임요환의 愛稱은 皇帝, 皇帝는 秦始皇이 중국을 통일한 후 자신이 신화적 존재인 三皇五帝보다 뛰어나다고 생각하여 처음 쓴 단어인데, 戰略家 임요환이 게임계에서는 그처럼 전설적인 존재라고 한다. 또 다른 인기 프로게이머 홍진호의 애칭은 暴風, 경기 스타일이 폭풍처럼 상대를 몰아붙이기 때문에 붙여진 이름이라고 한다. 아무렇게나 막 지어낸 愛稱이 아니라 나름대로 深思熟考한 데서 나온 結晶體들이었다.

기성세대 입장에서 보면 매일 컴퓨터 게임이나 해서 '나중에 뭐가 되려는지' 하는 걱정이 앞설 것이다. 하지만 인기 프로게이머의 연봉이 억대에 이르고, 사람들에게 많은 인기까지 얻고 있어 하나의 당당한 전문 직종으로 봐야 할 듯싶다. 그들의 스타성도 연예인 못지않아 TV오락프로에 출연하기도 한다.

이런 시류를 못마땅해 할 분도 있을 것이다. 그러나 시대가 바뀌어 직업도 바뀐 것일 뿐이다. 조선 시대의 醫師(②)는 中人이었지만 지금은 羨望(③)의 대상이고, '딴따라'라 불리던 演藝人들이 지금은 인기 스타가 아닌가. 젊은이들이 게임을 좋아하는 것도 마찬가지다. 바둑이나 蹴球, 野球 등을 좋아하는 기성세대나 컴퓨터 게임을 좋아하는 젊은이나 근본적으로는 아무런 차이가 없다. 다만 좋아하는 대상이 다를 뿐이다.

송원찬 외, 『한자콘서트』(차이나하우스, 2007)

4. 윗글의 밑줄 친①~③에 해당하는 단어의 讀音을 쓰시오.

　①契機(　　　　　)　　　　　　　②醫師(　　　　　)　　　　　　　③羨望(　　　　　)

5. 윗글의 밑줄 친 ㉠과 같은 뜻을 가진 한자성어를 보기에서 고르시오.

　①隔世之感　　　　②附和雷同　　　③五里霧中　　　④門前成市　　　⑤千慮一失

6. 윗글의 '壬辰錄－林榛錄'처럼 보기에 주어진 단어를 발음은 같지만 뜻이 다른 한자를 본
　문에서 찾아 한자로 쓰시오.

　①大火－(　　　)　②掃雪－(　　　)　③電文－(　　　)　④連峰－(　　　)　⑤詩類－(　　　)

7. 다음의 音과 訓에 해당하는 한자를 쓰시오.

　① 갈 왕　　　　② 고요할 정　　　③ 고울 려　　　④ 비롯할 창　　　⑤ 쌓을 축

　⑥ 베풀 설　　　⑦ 화할 협　　　⑧ 칭송할 송　　　⑨ 양식 량　　　⑩ 줄기 맥

❑ 다음 괄호에 적절한 한자를 넣어 成語를 완성하시오.

　8.錦衣還(　　)　　　　9.孤(　　)難鳴　　　10.(　　)鷄一鶴　　　11.塞(　　)之馬

　12.(　　)恩忘德　　　13.(　　)本塞源　　　14.事必(　　)正　　　15.信賞必(　　)

❑ 주어진 한자의 반대(또는 對立)되게 글자를 넣어 단어를 완성하시오.

　16.朔(　　)　　　　17.曲(　　)　　　　18.苦(　　)　　　　19.薄(　　)

　20.榮(　　)　　　　21.集(　　)　　　　23.起(　　)　　　　24.慶(　　)

25. 禮 → (　　)　　　　26. 邊 → (　　)　　　　27. 關 → (　　)　　　　28. 發 → (　　)

漢字 쓰기

학과(부)	학번	이름	담당교수

稀宴 드물 희 / 잔치 연

頻繁 자주 빈 / 많을 번

跳躍 뛸 도 / 뛸 약

謁見 뵐 알 / 뵐 현

濕潤 젖을 습 / 빛날 윤

掠奪 빼앗을 약 / 빼앗을 탈

疏漏 성글 소 / 셀 루

幻影 변할 환 / 그림자 영

誓願 맹서할 서 / 바랄 원

遲延 더딜 지 / 늘일 연

漢字 쓰기

학과(부)	학번	이름	담당교수

泣 訴
울 읍 하소연할 소

海 諒
바다 해 헤아릴 량

派 遣
갈래 파 보낼 견

租 稅
구실 조 세금 세

野 蠻
들 야 오랑캐 만

擴 散
넓힐 확 흩어질 산

透 徹
통할 투 통할 철

混 濁
섞일 혼 흐릴 탁

移 替
옮길 이 쇠퇴할 체

依 賴
기댈 의 힘입을 뢰

씹고 삼키는 要領

씹어 삼켰는데 편안하게 消化되지 않으면 먹지 않는 것만 못하여, 설령 편안하게 소화되었더라도 먹은 음식물을 가지고 是非하여 불안하면 역시 먹지 않는 것만 못하다. 음식의 한 가지 맛을 네댓 차례 삼키면 반드시 가슴에 모아 엉기어 즉시 소화되지 않으므로, 밥에 鹽梅(간을 알맞게 맞춤)와 김치를 곁들여서 밥맛의 단순함을 조화시키면 엉겼던 것이 환연히 내려가니, 調和의 處方이 이 때문에 생겼다. 醫書에 五味의 和劑가 있고 주방엔 여러 가지 調味劑가 있어, 脾胃로 하여금 편안히 받게 하고 臟腑로 하여금 快適하게 하니, 이것이 바로 배 안 음식의 調和이다.

처음부터 의롭지 못한 물건을 취하지 말고 받아서 당연한 음식만을 택하며, 기회에 다달아서는 모름지기 訟事의 길을 피하며, 즐거움을 교환하는 손님을 함께 맞이하여 조금도 불안한 뜻을 남기지 않아야 하니, 이것이 곧 몸 밖의 음식의 조화이다. 만약 안팎이 조화를 얻는다면 濃汁이 精液에 물대고, 정액은 血肉에 물대어, 氣가 和하고 몸이 살찐다.

그러나 내외가 조화를 얻지 못하면 안에는 硬塞痞痛의 걱정이 있고, 밖에는 얕으면 분쟁과 시비의 송사가 있고, 깊으면 구수(仇讐)·짐독(鴆毒)의 화가 있다. 음식에 대한 貪慾이 과도하여 廉恥가 없는 자는 바깥 조화는 물론 안의 조화도 그 마땅함을 잃는다. 비단 몸에만 醜雜한 해가 있는 것이 아니라 긴기는 사람들의 侮辱을 받게 되니, 조금만 知覺이 있는 이는 즐겨하지 않는다.

儉素함으로부터 奢侈함에 들어가는 것과, 壯年을 지나 노년에 이르는 깃괴, 맛없는 음식을 피해 맛있는 음식으로 나아기는 것과, 나물밥을 싫어하고 膏粱珍味를 취하는 것은 경계할 바다.

崔漢綺, 『氣測體義』, 「身氣通」 제2권, 口通, 〈內外의 調和〉

✳ 농부에게 정치를 배우다

  내가 살고 있는 집이 낮고 기울고, 좁고 더러워서 마음이 답답했다. 하루는 들에 나가 노닐다가 農夫 한 사람을 보았는데, 눈썹이 기다랗고 머리가 희고 진흙이 등에 묻었으며, 손에는 호미를 들고 김을 매고 있었다. 내가 그 옆에 다가서서 말하기를,

  "노인장 수고하십니다."

했다. 농부는 한참 후 나를 보더니 호미를 밭이랑에 두고는 언덕으로 걸어올라 와 두 손을 무릎에 얹고 앉으며 턱을 끄덕이어 나를 오라고 했다. 나는 그가 늙었기 때문에 종종 걸음으로 달려가서 팔짱을 끼고 섰더니 농부가 묻기를,

  "그대는 어떠한 사람인가? 그대의 衣服이 비록 해지기는 하였으나 옷자락이 길고 소매가 넓으며, 行動擧止가 의젓한 것을 보니 혹 선비가 아닌가? 또 수족이 갈라지지 아니하고 뺨이 豐饒하고 배가 나온 것을 보니 朝廷의 벼슬아치가 아닌가? 무슨 일로 여기에 왔는가? 나는 노인이며 여기서 나서 여기에서 늙었기 때문에, 거친 들과 瘴氣(풍토병)가 가득 찬 窮僻한 시골에서 도깨비와 더불어 살고 물고기와 더불어 사는 처지가 되었지만, 조정의 벼슬아치라면 죄를 짓고 추방된 사람이 아니면 여기에 오지 않는데, 그대는 죄를 지은 사람인가?"

했다. 나는 답하기를,

  "그러합니다."

하니, 그는,

  "무슨 죄인가? 아니 口腹의 奉養과 妻子의 養育과 車馬·宮室의 일로써 不義를 돌아보지 않고서 한없이 욕심을 채우려다가 죄를 얻은 것인가? 아니면 벼슬을 꼭 해야겠는데 스스로 이를 능력이 없어서 權臣을 가까이하고, 勢道에 붙어 車塵馬足의 사이에 奔走하면서 찌꺼기 술이나 먹고, 남은 고기 같은 것을 얻어먹으려고 어깨를 움츠리고 阿諂을 떨며 苟且하게 즐거움을 취하는 데에 애를 썼기 때문에 어쩌다가 한 資級을 얻으니, 여러 사람이 모두 성을 내어 하루아침에 형세가 가버려서 결국 이렇게 죄를 얻게 된 것인가?"

라고 물었다. 나는,

  "그런 게 아닙니다."

하자, 그는,

“그러면 말을 端正하게 하고 얼굴빛을 바르게 하여, 겉으로 謙遜한 체하여 헛된 이름을 훔치고, 어두운 밤에는 奔走하게 돌아다니면서 새가 사람에게 의지하는 態度를 지어 哀乞하고, 가엾게 보여 굽게 結託하고 橫으로 맺어 祿位를 낚아서 혹 官守에 있거나 혹 言責을 맡거나 녹만을 먹고 그 직책은 돌아보지 않으며, 국가의 安危와 生民의 休戚과 時政의 得失과 風俗의 美惡에 있어서는 막연히 뜻을 두지 않아 秦나라 사람이 越나라 사람의 살찌고 여윈 것 보듯이 하며, 자기 몸만 온전히 하고 처자를 保護하는 計策으로 세월을 보내다가, 만일 忠義之士가 있어서 자기 몸을 돌보지 않고, 국가의 급한 일에 나아가 職分을 지키고 바른말을 하거나 곧은 도를 행하다가, 禍를 당하게 된 것을 보면, 안으로는 그 이름을 꺼리고 밖으로는 그 패한 것을 다행으로 여겨 誹謗하고 비웃으며 스스로 계책을 얻은 듯 하다가 公論이 沸騰하고 天道가 무심하지 않아 그만 姦邪한 것이 드러나고 죄가 發覺되어 이런 지경에 이르게 된 것인가?”

하였다. 나는,

“그것도 아닙니다.”

하였더니 그는 또,

“그렇다면, 將帥가 되어서 널리 黨派를 만들어 앞에서 몰고 뒤에서 擁衛하며, 아무 일도 없을 때에는 큰 소리로 恐喝을 쳐서, 왕의 恩寵을 받아 官祿과 爵賞을 뜻대로 이루어 自慢心이 가득차고 기운이 성하여 朝士들을 輕蔑하다가, 敵軍을 만나게 되면, 범 가죽은 비록 아름답지만 본질이 양이라 겁을 잘 내어, 交戰을 하지 않고 敵의 風塵만 보아도 먼저 달아나 生靈을 적의 칼날에 버리고 국가의 대사를 그르치기라도 하였는가? 아니면, 卿相이 되어서 제 마음대로 固執을 세우고 남의 말을 듣지 않으며 자기에게 阿諂하는 이는 즐거워하고 자기에게 붙는 이는 들어 쓰며, 곧은 선비가 말을 거스르면 성을 내고, 바른 선비가 도를 지키면 排擊하며 임금의 爵祿을 훔쳐 자기의 사사로운 은혜로 만들고, 국가의 刑典을 戱弄하여 자기의 私用으로 삼다가 惡行이 많아 회가 이르러 이러한 죄에 걸린 것인가?”

고 하였다. 나는,

“그것도 아닙니다.”

고 하니 그는,

“그렇다면 그대의 罪目을 나는 알겠도다. 그 힘의 부족한 것을 헤아리지 않고 큰소리를 좋아하고, 그 시기의 불가함을 알지 못하고 바른말을 좋아하며, 지금 세상에 나서 옛사람을 思慕하고 아래에 처하여 위를 거스른 것이 죄를 얻은 원인이로다. 옛날 賈誼가 큰소리를 좋아하고, 屈原이 곧은 말을 좋아하고, 韓愈가 옛 것을 좋아하고, 關龍逢이 윗사람에게 거스르기를 좋아했다. 이 네 사람은 다 道가 있는 선비였는데도 혹은 貶職되고 혹은 죽어서 스스로 자기 몸을 보전하지 못하였거늘, 그대는 한 몸으로서 몇 가지 禁忌를 犯하였는데 겨우 귀양만 보내고 목숨은 보전하게 하였으니, 나 같은 촌사람이라도 국가의 恩典이 너그러움을 알 수가 있도다. 그대는 지금부터라도 조심하면 화를 免하게 될 것이오.”

하였다. 나는 그 말을 듣고서 그가 도가 있는 선비임을 알았다. 그리하여 請하기를,

　“노인장께서는 隱君子이십니다. 客館에 모시고 글을 배우고자 합니다.”

하니, 노인은 말하기를,

　“나는 대대로 농사짓는 사람이오. 밭을 갈아서 국가에 세금을 내고 나머지로 처자를 양육하니, 이 밖의 것은 나의 알 바가 아니오. 그대는 물러가서 나를 어지럽히지 마오.”

하고 다시 말하지 않았다. 나는 물러나와 ‘저 노인은 長沮·桀溺 같은 사람이라.’고 탄식하였다.

鄭道傳, 『三峰集』〈答田夫〉

✳ 벼슬하지 못하고 재를 넘다

　嶺南의 風俗이 선비를 높이고 道를 중히 여기기 때문에 賢人을 尊崇하는 것이 풍속이 되었다. 前朝의 崔文昌·薛弘儒·安文成·鄭文忠이 모두 嶺南 사람이다. 聖朝에 들어와서 吉冶隱이 牧隱·圃隱의 문하에 놀았고, 金司藝 叔滋에 이르러 冶隱에게 수업하였으며 金寒暄·鄭一蠹가 모두 司藝의 아들 金佔畢에게 배웠는데, 李晦齋·李退溪에 이르러 斯文이 크게 闡明되었으니, 모두 영남의 世家이고 聖廟에 從祀된 이도 영남에서 7인이나 된다. 圃隱은 나라에 충성하다 죽었고, 冶隱은 벼슬하지 않고 물러갔으며, 寒暄·一蠹 두 公도 다 동시에 화를 입었다. 退溪는 己卯士禍에 懲戒하여 나가기는 어렵게 여기고 물러가기는 쉽게 여기며, 벼슬에 뜻이 없었다. 혹 부득이하여 잠깐 나가더라도 관직이 遞任되면 곧 발길을 재촉하여 고향으로 돌아갔다. 丁卯年 國恤에 山陵에도 못 미처 가서 禮曹判書가 遞任되자 이에 곧 길을 떠났고 수일도 머무르지 않았다.

　이것으로 풍속이 이루어져서 지금 세상에도 출신한 자가 白衣로 嶺을 넘는 것을 깊이 부끄럽게 여기고, 또한 罷職을 당하고 곧 돌아가지 않는 것을 羞辱으로 여기니, 大賢의 一動 一靜이

風化에 관계되는 것이 이와 같다. 근세에 朝廷 의논이 거의 廢斥하는데도 오히려 그대로 옛 풍속을 고치지 않고 글을 읽고 도를 말하며 충효가 귀한 것을 아니, 다른 날 국가에 일이 많으면 반드시 힘입는 것이 있을 것이다.

李瀷, 『星湖僿說』, 〈白衣踰嶺〉

〈註釋〉
崔文昌 : 文昌은 崔致遠의 諡號
薛弘儒 : 弘儒는 薛聰의 시호
安文成 : 文成은 安珦의 시호
鄭文忠 : 文忠은 鄭夢周의 시호
吉冶隱 : 冶隱은 吉再의 號
牧　隱 : 李穡의 호
圃　隱 : 鄭夢周의 호
金司藝 叔滋 : 司藝는 관직명
金寒暄 : 寒暄은 金宏弼의 호
鄭一蠹 : 一蠹는 鄭汝昌의 호
金佔畢 : 佔畢은 金宗直의 호
李晦齋 : 李彦迪의 호
李退溪 : 退溪는 李滉의 호

한자와 이야기

　다른 나라에 파견되는 外交 使節은 두 나라 사이의 懸案 문제를 解決하고 友好關係를 敦篤히 하는 役割을 하는 것으로 생각되지만, 때로는 상대국을 脅迫하거나 侵掠의 빌미를 잡는 부정적인 역할을 하는 경우도 적지 않은 것 같다. 천재 시인 李太白이 활약하고 있던 唐나라 시대에 중국에 온 匈奴의 使臣이 이 후자의 경우에 해당된다.

　그 때 흉노의 왕은 열흘 이내에 回信을 해 달라며 사신을 시켜 親書를 전달해 왔다. 그런데 그 편지에는 밑도 끝도 없이 '天心平'이라는 세 글자가 세로로 쓰여 있었다. 황제와 文武百官 중에 이 쉬운 세 글자를 모르는 사람은 아무도 없었지만, 그것이 무슨 뜻인지 알아낼 수 있는 사람도 아무도 없었다. 황제는 할 수 없이 머리가 가장 좋은 사람으로 평판이 난 이태백을 불러와 그 수수께끼를 풀게 하였다.

　편지의 세 글자를 본 이태백은 그 문제에 대해서는 아무 말도 하지 않고 술만 달라고 하였다. 말술을 들이키고 술기운이 오른 이태백은 평소 황제의 위세를 업고 꼴사납게 굴던 宦官 高力士에게 신발을 벗기게 하고, 裵力士에게는 먹을 갈게 한 다음, 황제가 내려준 붓을 오른쪽 엄지발가락과 둘째 발가락 사이에 끼우게 하였다. 그리고는 하늘 天 자의 가운데 위에서부터 시작하여 평할 平 자의 세로획까지 선을 그은 다음 끝에서 삐쳐 올렸다. 이태백이 그은 한 획 때문에 '天心平'은 '未必乎'처럼 변해 버렸다. 그러자 그것을 본 흉노의 사신은 大驚失色하며 당나라에 큰 失禮를 범했다고 엎드려 謝罪한 다음 자리를 떴다.

　처음에 왕이 친서를 전달할 때는 倨慢하기조차 하던 흉노의 사신이 갑자기 자세를 낮추는 것을 본 문무백관들은 영문을 몰라 이태백에게 그 까닭을 물었다. 그 물음에 이태백은 이렇게 대답하였다.

　"이것은 흉노가 중국을 떠보기 위한 편지입니다. 당나라는 物産이 豊富한 넓은 疆土를 가지고 있는데 비하여, 흉노는 沙漠과 같은 瘠薄한 땅만 많으니 원래 공평한 하늘의 마음과는 달리 현실을 불공평하다는 뜻이지요. 그런즉 하늘의 뜻에 따라 공평하게 되려면 당나라의 肥沃한 땅을 나누어 달라는 말입니다. 땅을 빼앗기 위해 당나라로 쳐들어오겠다는 뜻을 담고 있는 것이기도 하지요. 게다가 당나라 측에서 이 수수께끼를 기한 내에 풀지 못하면 조정 내에 유능한 사람이 없다는 確信을 가지고 쳐들어오려고 했던 것입니다. 그런데 그 의도가 看破되자 놀라서 꼬리를 내린 것입니다.”

'하늘의 마음은 공평하다.(天心平)'며 트집을 잡고 나오는 흉노의 속셈을 간파한 이태백은 보내온 편지에 한 획을 그으며 '꼭 그렇지는 않다(未必乎)'라고 응수함으로써 당나라에 닥쳐 온 危機를 지혜롭게 克服할 수 있었다는 이야기이다.

팽철호, 『한자놀이』(글누림, 2006)

汗牛充棟

짐으로 실으면 소가 땀을 흘리고, 쌓으면 들보에까지 찬다는 뜻으로 많은 서책의 비유. 柳宗元의
『陸文通先生墓表』

> **예** 반계수록 이외에도 반계는 汗牛充棟의 많은 저서를 남겼다. 〈경향신문 2007.03.20〉

韋編三絶

공자가 『周易』을 愛讀하여 책을 맨 가죽 끈이 세 번이나 끊어졌다는 일화에서 나온 말로, 독서
에 열심인 경우나 한 책을 되풀이하여 숙독할 때를 가리킨다.

> **예** 책 읽는 도시 김해의 전통은 바로 여기에 있다. 책을 묶은 가죽 끈이 세 번 끊어질 때 까지
> 책을 읽어야 한다는 韋編三絶이라는 성현의 말을 실천해 보자. 〈경남매일, 2009.04.26〉

鑿壁引光

벽을 뚫어 빛을 끌어들인다는 뜻으로, 아무리 어려운 환경이나 상황 속에서도 독서를 게을리
하지 않음을 가리킨다. = 螢窓雪案, 螢雪之功 『漢書』〈匡衡傳〉

> **예** 그러나 鑿壁引光의 자세를 지닌 사람에게 불가능은 없다. 가난에서 벗어나야 자기 인생을 자기
> 가 지배하면서 나누고 베풀어가며 살 수 있다. 〈한국경제, 2007.02.06〉

乙夜之覽

임금의 독서할 시간이란 뜻으로, 임금은 낮에는 정사를 보고 밤 열 시(을야)경이나 되어야 독
서를 한다는 데서 생겨난 말이다.

예 국민들의 지지를 얻어 당선되었으면 무엇보다 粉骨碎身해서「乙夜之覽」하는 자세가 뒤따라야 하는 거야. 임종욱, 『고사성어대사전』(시대의 창, 2006)

생활 속의 한자

査頓

　査頓의 語源에 대해선 異說이 紛紛하다. 그중 가장 신빙성 있는 두 가지를 들어보면, 첫째, 만주나 몽골 등 북방 지역에서 유래했다는 설로 만주어의 '사둔'이나 몽골어 '사든'에서 왔다는 설이다. 둘째는 우리나라 고유의 자생어로 尹瓘의 고사와 관련이 있다는 설이다.

　고려 예종 때에 여진족 정벌에 공이 컸던 都元帥 尹瓘(?~1111)과 副元帥 吳延寵(1055~1116)은 서로의 자녀를 부부로 맺어 주고, 이 두 사람은 작은 냇물을 사이에 두고 살았다. 어느 날 윤관의 집에 술이 익자 오연총이 생각난 윤관은 하인에게 술동이를 지게하고 시냇가에 당도했는데 간밤에 내린 비로 물이 불어서 건널 수가 없었다. 그러다가 저쪽 시냇가를 보니 오연총도 역시 하인에게 술을 들려서 윤관의 집으로 오는 중이었다. 이에 두 사람은 시냇가에 줄기를 잘라 낸 나무의 밑동[査]에 앉았다. 그리고 나서 땅에 머리가 닿도록 절을 하고[頓首]술잔을 서로 권했다고 한다.

焦眉

　焦眉는 '焦眉之急', '焦眉爛額'(눈썹에 불이 붙어 이마를 태움)의 준말로 燃眉, 燒眉와 같은 말이다. 그러니까 눈썹에 불이 붙은 경우처럼 매우 위급하고 긴박한 상황이나 일을 가리킬 때 주로 쓰인다.

　僧問蔣山佛慧, 如何是急切一句? 慧曰火燒眉毛. 〈五燈會元〉
　(어떤 스님이 장산의 佛慧禪師에게 '가장 급하고 절실한 구절이 어떤 것입니까'라고 묻자 불혜선사는 '불이 눈썹에 불붙는 것이지'라고 하였다.)

　요즈음 換率의 暴騰, 證市의 沈滯, 企業의 連鎖不渡 등으로 우리 경제는 매우 어려운 국면에 빠져있다. 그래서 경기회복과 물가안정이 초미의 관심거리로 부각되어 있다.

　이런 경제 위기는 세계적인 不況에도 일정한 원인이 있지만 보다 근본적인 요인은 외형적인 성장에만 치중한 우리 경제의 취약한 구조에서 찾아야 할 것이다. 外華內貧에서 벗어나려면 내실을 다지는 경제정책이 무엇보다 긴요하다.

　그렇다고 경제만이 살 길은 아니다. 문화적 토대가 없는 경제성장은 한낱 蜃氣樓에 불과하다. 경제 살리기 못지 않게 우리 문화를 일으키는 일에도 초미의 관심을 가져야 할 때다.

1. 器械와 機械

器械 : 연장, 연모, 그릇, 기구 따위를 통틀어 이르는 말. 또는 구조가 간단하여 제조나 생산을 목적으로 하지 않고 사용하는 도구를 가리킨다. 예)망치, 끌

機械 : 예전에는 병장기를 가리키는 말이었으나, 교묘한 구조의 기구나 갖가지 장치로 동력을 내고 작업을 하도록 만들어진 기구를 말한다. 예)기계공학

2. 校訂과 校正

校訂 : 문장 또는 출판물의 잘못된 글자나 글귀 따위를 바르게 고치는 것.

校正 : 교정쇄와 원고를 대조하여 오자, 배열, 색 따위를 바르게 고치는 일.

예문)네 글을 校訂하느라 밤을 새웠다. 원고와 대조해서 꼼꼼히 校正해야 한다.

3. 敎導와 矯導

敎導 : 가르쳐서 바른길로 인도함. =敎諭

矯導 : 틀린 것을 바로 잡도록 인도함. 矯正職 국가 공무원 직급 명칭의 하나. 矯士의 아래로 9급임.

예문)학교에는 敎導 主任이 있고, 교도소에는 矯導 주임이 있다.

4. 落書와 洛書

落書 : 일본어 '落文'에서 유래한 말로, 불평불만을 적은 작은 쪽지에서 비롯되어 요즘에는 장난으로 아무데나 쓰는 글을 가리킨다.

洛書 : 河圖洛書의 준말로 河圖는 伏羲가 黃河에서 얻은 그림을, 洛書는 夏禹가 洛水에서 얻은
　　　글을 가리킨다. 하도를 근거로 복희는 易의 八卦를 만들었으며, 낙서를 근거로 禹는 천
　　　하를 다스리는 洪範九疇를 만들었다.

5. 道場(도량)과 道場(도장)

道場(도량) : 마음을 수련하는 장소나 집. 주로 불교의 사원을 가리키는 말로, 석가모니가 도를
　　　　　　이룬 땅을 가리키는 말에서 유래했다.
道場(도장) : 체육이나 무술 등을 수련하기 위한 집이나 건물.

6. 大邱와 大丘

『新增東國輿地勝覽』에 따르면 대구는 신라 景德王 이전까지는 '多伐'·'達伐'·'達佛城'·'達
句' 등의 이름으로 불렸다. 경덕왕 대에 신라는 당나라의 제도를 본떠 모든 행정 구역을 郡縣制
로 바꾸면서, 지명을 중국식 한자 이름으로 바꾸었다. 이 때 대구는 한자로 '大丘'로 표현했으며,
고려와 조선을 거쳐 이 이름이 공식적으로 사용되었다. 그러다가 1750년 英祖 26년에 '丘' 자가
孔子의 이름이므로, 다른 글자로 고치자는 儒林들의 上疏가 있었다. 그러나 英祖 대에는 계속
大丘로 표기되다가, 哲宗이 卽位한 1850년 이후로 大邱로 표기되었다.

漢字 試驗 對備

1. 다음 漢字의 음과 訓을 쓰시오.

▫蝶　　□閱　　□誦　　□敏　　□尋　　□屢　　□惱

▫邦　　□殉　　□凝　　□矯　　□憐　　□肩　　□姦

▫僅　　□伸　　□聘　　□渴　　□騷　　□鈍　　□逝

2. 다음 漢字의 部數를 쓰시오.

▫歲 :　　□冥 :　　□裂 :　　□衰 :　　□我 :　　□黑 :

3. 다음 漢字의 讀音을 쓰시오.

▫闡明(　　)　□懲戒(　　)　□遞任(　　)　□旱災(　　)　□羞辱(　　)

▫廢斥(　　)　□奔走(　　)　□阿諂(　　)　□資級(　　)　□謙遜(　　)

▫休戚(　　)　□沸騰(　　)　□擁衛(　　)　□恐喝(　　)　□禁忌(　　)

▫爵賞(　　)　□排擊(　　)　□戲弄(　　)　□貶職(　　)　□許諾(　　)

▫衝突(　　)　□妥協(　　)　□督促(　　)　□飢渴(　　)　□拙劣(　　)

▫廉潔(　　)　□嚴肅(　　)　□驅逐(　　)　□懇請(　　)　□慙愧(　　)

▫勉勵(　　)　□飜譯(　　)　□霧散(　　)　□貸借(　　)　□透徹(　　)

4. 다음의 음과 訓에 해당하는 漢字를 쓰시오.

①깨뜨릴 파　　②모양 자　　③머무를 류　　④힘쓸 무　　⑤청할 청

⑥이지러질 결　　⑦영화 영　　⑧볼 간　　⑨도울 원　　⑩넓을 보

□ 다음 글을 읽고 물음에 답하시오. (4~6)

고전의 살아 있는 힘

며칠 전 50년 전 高校時節 친구들 일행과 함께 旅行을 하다가 강릉 烏竹軒에 들어섰는데, 境內에 栗谷의 **銅像(①)**이 서 있고, 그 받침돌에 "見得思義(이득을 보게 되면 의로움을 생각하라)"는 구절이 새겨져 있었다. 어느 친구가 栗谷의 말씀이냐고 묻기에 공자의 말씀이라 대답했더니, 또 한 친구가 "우리나라는 대통령 이하 정치인들이 『論語』를 좀 읽어야겠구먼."하고 한마디 하자, 모두들 異口同聲으로 同意하였다. 이 **瞬間㉠**에 나는 古典이 무슨 힘을 가졌는지, 그리고 우리 현실에서 어떻게 각성되어야 하는지 **明快㉡**하게 보여주는 자리에 서 있음을 느낄 수 있었다. 우리 생활 속에 삶의 대목마다 일반 시민의 입에 오르내리고 가슴을 뜨겁게 달구어 주는 古典이라야 살아있는 古典이 아니겠는가?

古典이란 우리의 시대현실 속에서 살아 숨쉬고, 나의 가슴 속에서 **活潑㉢**하게 뛸 수 있도록 읽어져야 할 것이다. 鄭玄은 고전을 그의 시대에서 해석[漢學]하였고, 朱子도 고전을 그의 시대에서 해석[宋學]하였다. 역사는 급격한 변화를 겪어 (㉮)가(이) 되었는데, 아직도 주자의 **解釋㉣**만을 **票準㉤**으로 삼고 있을 뿐, 우리 시대의 解釋이 아무데서도 들리지 않고 있다면, 그것은 이 시대에 스승이 없다는 말이고, 고전도 생명이 **危殆(②)**로운 처지가 아닐까? 또한 오늘의 우리 사회가 방향을 찾지 못한 채 **分裂(③)**과 **混亂(④)**에 허덕이고 있는 것도 바로 고전에서 살아 숨쉬는 힘을 읽어내지 못하기 때문이 아닐까?

금장태, 『전통문화 2009년 여름호』, (사)전통문화연구회, 2009

5. 윗글의 밑줄 친 ㉠~㉤까지의 表記나 讀音이 잘못된 것을 고르시오

㉠瞬間–순간 ㉡明快–명쾌 ㉢活潑–활발 ㉣解釋–해석 ㉤票準–표준

6. 윗글의 밑줄 친 ①~④까지에 적절한 독음을 넣으시오

①銅像( ) ②危殆( ) ③分裂( ) ④混亂( )

7. 윗글이 내용으로 보아 밑줄 친 (가)에 들어갈 적절한 한자성어를 고르시오.

①桑田碧海　　　　②他山之石　　　　③刮目相對　　　　④首丘初心　　　　⑤山戰水戰

□ 다음 중 밑줄 친 단어의 한자 표기가 잘못된 것을 고르시오.

8. ①구 **감독** – 監督　　　　②**검소**한 삶 – 儉素　　　　③그의 예리한 **통찰**력 – 通察

④학수**고대** – 苦待　　　　⑤빛의 **굴절** 현상 – 屈折

9. ①상하수도 **요금** – 料金　　　　②**세포** 분열 – 細布　　　　③**선거** 운동 – 選擧

④범죄 사실을 **부인**했다 – 否認　　　　⑤실력을 **발휘**해 봐 – 發揮

10. ①극기 **훈련** – 訓練　　　　②저금 **통장** – 通帳　　　　③인간과 자연의 **조화** – 調和

④**전속** 모델 – 專屬　　　　⑤요염한 **자태** – 恣態

11. 다음의 빈칸에 訓이 같은 한자를 써서 단어를 완성하시오.

①(　　)謠　　　　②(　　)蓄　　　　③(　　)偶　　　　④審(　　)

⑤確(　　)　　　　⑥獲(　　)　　　　⑦養(　　)　　　　⑧(　　)盛

12. 다음에 주어진 한자를 略字로 쓰시오.

①蠶 → (　　)　　②鐵 → (　　)　　③團 → (　　)　　④寶 → (　　)　　⑤價 → (　　)

漢字 쓰기

학과(부)	학번	이름	담당교수

懲戒
혼날 징 경계할 계

遞任
갈마들 체 맡길 임

羞辱
부끄러울 수 욕 욕

廢斥
폐할 폐 배척할 척

阿諂
아첨할 아 아첨할 첨

沸騰
끓을 비 오를 등

恐喝
두려울 공 으를 갈

禁忌
금할 금 꺼릴 기

戲弄
놀 희 희롱할 롱

衝突
찌를 충 갑자기 돌

학과(부)		학번		이름		담당교수	

妥協
온당할 타 맞을 협

飢渴
굶주릴 기 목마를 갈

拙劣
졸할 졸 못할 렬

嚴肅
엄할 엄 엄숙할 숙

慙愧
부끄러울 참 부끄러울 괴

飜譯
뒤칠 번 통변할 역

霧散
안개 무 흩을 산

貸借
빌릴 대 빌릴 차

旱災
가물 한 재앙 재

奔走
달릴 분 달릴 주

┃편저자

정병호 : 경북대학교 한문학과 교수
전재동 : 경북대학교 한문학과 강사

대학생을 위한 실용한자

2009년 8월 31일 초판 1쇄 펴냄
2010년 2월 26일 초판 2쇄 펴냄
2012년 3월 2일 초판 3쇄 펴냄
2016년 3월 2일 초판 4쇄 펴냄
2017년 3월 2일 초판 5쇄 펴냄

편저자 정병호·전재동
펴낸이 김흥국
펴낸곳 도서출판 보고사

등록 1990년 12월 13일 제6-0429호
주소 경기도 파주시 회동길 337 15 보고사 2층
전화 02)922-5120~1(편집), 02)922-2246(영업)
팩스 02)922-6990
메일 kanapub3@naver.com
http://www.bogosabooks.co.kr

ISBN 978-89-8433-781-7 03700